新时代高校班主任工作理论与实务

张 瑞 ◎ 著

中国科学技术大学出版社

内容简介

本书是广西高校思想政治教育杰出人才支持计划成果,以高校班主任工作实务为基础,系统梳理了近年来推进高校班主任队伍建设的基本经验和成效,阐述了高校班主任队伍建设的本质和新视野;以国家关于高校班主任队伍建设的政策为依据,深入分析了高校班主任的工作内容、工作方法和工作评估;以校园文化、校园网络、学生社团、学生社区为工作载体,创新工作管理理念、管理机制和管理方法,针对不同年级学生的特点提出不同阶段有效开展工作的要点,并展示相关高校优秀班主任的工作案例。本书的出版对加强班主任队伍建设具有重要意义。

本书既可以作为新时代高校班主任队伍建设的培训教材,又可以作为高校班主任自我学习提高读本。

图书在版编目(CIP)数据

新时代高校班主任工作理论与实务/张瑞著.—合肥:中国科学技术大学出版社,2023.5

ISBN 978-7-312-05664-2

Ⅰ.新… Ⅱ.张… Ⅲ.高等学校—班主任工作—研究—中国 Ⅳ.G645.1

中国国家版本馆CIP数据核字(2023)第083655号

新时代高校班主任工作理论与实务
XIN SHIDAI GAOXIAO BANZHUREN GONGZUO LILUN YU SHIWU

出版	中国科学技术大学出版社
	安徽省合肥市金寨路96号,230026
	http://press.ustc.edu.cn
	https://zgkxjsdxcbs.tmall.com
印刷	安徽省瑞隆印务有限公司
发行	中国科学技术大学出版社
开本	710 mm×1000 mm 1/16
印张	13.25
字数	275千
版次	2023年5月第1版
印次	2023年5月第1次印刷
定价	68.00元

序

党的十八大以来,以习近平同志为核心的党中央高度重视加强和改进高校思想政治工作。习近平总书记强调"思想政治工作是学校各项工作的生命线""要坚持把立德树人作为中心环节,把思想政治工作贯穿教育教学全过程,实现全程育人、全方位育人"。党的二十大紧紧围绕全面建设社会主义现代化国家,深刻把握我国经济社会高质量发展需要和国际人才竞争新态势,从更高起点、更高层次、更高目标上对教育强国、科技强国、人才强国建设进行战略设计,为高校统筹推进思想政治工作和教师队伍建设指明了方向。

高校班主任制度是高校辅导员制度的重要补充。实践证明,选拔优秀教师担任辅导员、班主任,是高校思想政治工作的重要经验,既有利于加强和改进大学生思想政治工作,又有利于促进教师素质能力的提升。高校班主任是高校思想政治工作队伍的重要组成部分,在思想、学习和生活等方面担负着指导学生的重要职责,是"全员育人"不可或缺的教育主体,是指导大学生成长成才的管理者、组织者和实施者,是大学生思想政治教育的骨干力量。党的十八大以来,围绕"立德树人"这一根本任务,各级党委政府和高校越来越重视加强高校班主任队伍建设,多措并举鼓励高校教师深入学生工作一线担任班主任。2020年,中共中央、国务院印发《深化新时代教育评价改革总体方案》,其中明确提出"强化一线学生工作",要求"高校青年教师晋升高一级职称,至少须有一年担任辅导员、班主任等学生工作经历"。着力建设一支政治素质过硬、业务能力精湛、育人水平高超的高校班主任队伍,成为新时代完善高校思想政治工作体系的必然举措。

高校班主任以班级为基本单元开展大学生思想政治工作,一方面能充分发挥自身的特有优势,对大学生进行思想政治引领、专业学习指导、就业创业帮扶、心理问题疏导等;另一方面能加强与高校辅导员、专业教师、学生事务管理者、社会专业力量和家长等的工作协同,形成共同促进大学生成长成才和健康生活的整体力量。但由于高校班主任大多数由专业教师兼任,普遍面临着思想政治工作素质能力不足带来的工作目标不清晰、工作重点不突出、工作方式方法不适应等问题。特别是相对于高校辅导员队伍专业化、规范化、制度化建设的深入推进,如何全面提高高校班主任的思想政治素质、增强高校班主任开展学生思想政治工作的能力、创新班级思想政治工作的管理理念和工作方法等,成为新形势下加强高校班主任队伍建设的重要课题。

正是基于以上认识,张瑞同志在长期从事大学生思想政治工作的实践基础上,围绕高校班主任工作理论与实务,系统梳理近年来推进高校班主任队伍建设的基本经验和主要成效,深刻阐述高校班主任队伍建设的本质与要求,深入分析高校班主任的工作内容、工作方法和工作评估,以及创新工作的管理理念、管理机制和管理方法等。特别是结合校园文化、校园网络、学生社团、学生社区等载体建设和针对不同年级学生的特点等,提出不同阶段高校班主任的工作要点,并展示一些高校优秀班主任的工作案例。

本书理论与实践相结合,主题突出、结构清晰、内容系统,对新时代加强高校班主任队伍建设具有一定的指导意义,既可以作为高校思想政治工作从业者的培训教材,又可以作为高校班主任的学习读本。

希望该书的出版能为全国高校班主任队伍建设提供参考和借鉴,也希望更多专家学者积极参与高校班主任素质能力提升的理论与实践研究,不断创新高校班主任队伍建设的方法途径,为培养德、智、体、美、劳全面发展的社会主义建设者和接班人做出更大的贡献!

刘宏达

华中师范大学马克思主义学院教授、博士生导师
华中师范大学办公室主任
教育部首批"思想政治教育杰出中青年人才"支持计划入选者
2023年2月

目　　录

序 ··· (i)

第一章　高校班主任工作概述 ·· (001)

　第一节　高校班主任工作的内涵 ··· (001)

　　一、高校班主任工作的角色定位 ·· (001)

　　二、高校班主任的工作内容 ·· (002)

　第二节　高校班主任工作的地位与作用 ·· (003)

　　一、高校班主任工作的地位 ·· (004)

　　二、高校班主任工作的作用 ·· (005)

　第三节　高校班主任工作的目标与原则 ·· (006)

　　一、高校班主任工作的目标 ·· (006)

　　二、高校班主任工作的原则 ·· (008)

第二章　高校班主任工作依据 ·· (012)

　第一节　高校班主任工作的国家相关政策解读 ··· (012)

　　一、在班主任队伍的配齐建强上下功夫 ·· (013)

　　二、加强教师担任班主任的内容规定 ·· (014)

　　三、明确班主任工作功能与职责 ·· (014)

　第二节　高校班主任工作的教育行政部门规章解读 ··· (015)

　　一、从核心素养来看 ··· (015)

　　二、从工作职责看 ·· (016)

　　三、从形势方面看 ·· (017)

　第三节　高校班主任工作管理内涵 ·· (017)

　　一、进一步完善高校班主任选聘配备制度 ··· (018)

　　二、进一步强化高校班主任培训制度 ·· (018)

三、优化高校班主任工作的考核和管理机制……………………(019)
　　四、提高班主任工作待遇，加强激励……………………………(019)

第三章　高校班主任工作内容……………………………………(021)

第一节　高校班主任工作的制度建设……………………………(021)
　　一、高校班主任选聘配备制度……………………………………(021)
　　二、高校班主任培训制度…………………………………………(022)
　　三、高校班主任考核与激励制度…………………………………(023)

第二节　高校班主任队伍建设……………………………………(024)
　　一、优化高校班主任队伍结构设置………………………………(024)
　　二、明确高校班主任队伍工作职责………………………………(025)
　　三、提升高校班主任队伍育人水平………………………………(026)

第三节　高校班主任日常管理工作………………………………(027)
　　一、班级思想引领…………………………………………………(027)
　　二、班级建设………………………………………………………(028)
　　三、班级学习指导…………………………………………………(029)
　　四、班级日常工作…………………………………………………(030)

第四章　高校班主任工作方法……………………………………(032)

第一节　高校班主任工作过程管理法……………………………(033)
　　一、内容和含义……………………………………………………(033)
　　二、理念和特点……………………………………………………(034)
　　三、方法和应用……………………………………………………(036)

第二节　高校班主任工作目标管理法……………………………(037)
　　一、内容和含义……………………………………………………(037)
　　二、理念和特点……………………………………………………(038)
　　三、方法和应用……………………………………………………(038)

第三节　高校班主任工作过程与目标并重管理法………………(039)
　　一、原则……………………………………………………………(039)
　　二、路径……………………………………………………………(040)
　　三、建议……………………………………………………………(041)

第五章　高校班主任工作载体 (042)

第一节　高校校园文化载体 (042)
一、高校校园文化载体的表现形式 (042)
二、高校校园文化载体的特征 (044)
三、高校校园文化载体的作用 (045)

第二节　高校校园网络载体 (046)
一、高校校园网络载体的特征 (047)
二、高校校园网络载体的价值 (048)

第三节　高校学生社团载体 (049)
一、高校学生社团载体的类别 (050)
二、高校学生社团载体的特点 (050)
三、高校学生社团载体的价值 (051)

第四节　高校学生社区载体 (053)
一、高校学生社区载体的特征 (053)
二、高校学生社区载体的意义 (054)

第六章　高校班主任工作创新 (057)

第一节　高校班主任管理理念创新 (057)
一、班级管理要基于"以人为本"的管理理念 (057)
二、班级管理要立于"与时俱进"的管理理念 (058)
三、班级管理要重视"因材施教"的管理理念 (059)

第二节　高校班主任管理机制创新 (060)
一、量化管理机制,激发班级活力 (061)
二、强化激励机制,衍生内生动力 (062)
三、创新沟通机制,搭建有效沟通桥梁 (062)

第三节　高校班主任管理方法创新 (063)
一、建立协调育人的工作方式 (064)
二、创新班级管理,完善机制建设 (066)
三、注重对班干部的培养 (067)
四、树立目标,创造积极向上的班级环境 (068)

第七章　高校班主任工作评估 ……………………………………………(070)

第一节　评估内容 ………………………………………………………(070)
一、个人工作总结与自评 …………………………………………(070)
二、辅导员评议 ……………………………………………………(070)
三、学生评议 ………………………………………………………(073)
四、学院考核 ………………………………………………………(073)

第二节　评估方法 ………………………………………………………(073)
一、评估程序 ………………………………………………………(073)
二、评估标准 ………………………………………………………(079)

第三节　评估效果 ………………………………………………………(080)
一、考核结果的使用 ………………………………………………(080)
二、评估效果 ………………………………………………………(081)

第八章　高校班主任年级工作要点 ………………………………………(086)

第一节　大一年级工作要点 ……………………………………………(086)
一、工作目标：帮助学生角色转变，做好大学人生规划 …………(086)
二、工作重点 ………………………………………………………(086)
三、工作难点 ………………………………………………………(087)
四、日常工作安排 …………………………………………………(087)

第二节　大二年级工作要点 ……………………………………………(104)
一、工作目标：激发学生专业兴趣，引导学生奋发学习 …………(104)
二、工作重点 ………………………………………………………(105)
三、工作难点 ………………………………………………………(105)
四、日常工作安排 …………………………………………………(105)

第三节　大三年级工作要点 ……………………………………………(120)
一、工作目标：拓宽学生专业视野，全面提升综合素质 …………(120)
二、工作重点 ………………………………………………………(120)
三、工作难点 ………………………………………………………(120)
四、日常工作安排 …………………………………………………(121)

第四节　大四年级工作要点 ……………………………………………(137)
一、工作目标：关注学生考研就业，指导学生走向社会 …………(137)
二、工作重点 ………………………………………………………(138)

三、工作难点 …………………………………………………（138）

四、日常工作安排 ……………………………………………（138）

附录一　桂林理工大学优秀班主任典型工作案例 …………（152）

附录二　高校班主任工作相关规定 …………………………（178）

参考文献 …………………………………………………………（193）

后记 ………………………………………………………………（198）

第一章 高校班主任工作概述

第一节 高校班主任工作的内涵

高校班主任是大学班级的直接参与人和管理者,直接肩负着大学培养人的职责和使命。近年来,国家对于高校思想政治教育工作越来越重视,对于高校思想政治教师队伍的建设更加完善。《中共中央国务院关于进一步加强和改进大学生思想政治教育的意见》(中发〔2004〕16号)明确提出,辅导员、班主任是高等学校教师队伍的重要组成部分,是高等学校从事德育工作,开展大学生思想政治教育的骨干力量,是大学生健康成长的指导者和引路人。

一、高校班主任工作的角色定位

高校班主任在高校工作中拥有多重角色,既是管理者,也是教育者,同时还是服务者。高校班主任的多重角色决定了其不仅应该成为大学生学业上的良师,还应该成为能与大学生交心的益友,更应该成为大学生健康成长的引路人。作为大学生学业上的导师,高校班主任需要帮助大学生明确学习目标、端正学习态度、提高学习积极性,促进大学生顺利成才。作为大学生生活中交心的益友,高校班主任需要深入到学生群体中,了解大学生思想动态,掌握大学生情绪变化,引导学生以积极的态度面对生活中的问题和挫折,促进学生健康成长。作为大学生成长中的引路人,高校班主任需要以自身的人生阅历为大学生指引前进的道路,引领大学生的人生方向。

高校班主任是班集体的组织者和教育者。班级是学校教育工作的基本单位,也是大学生学习、活动、成长的基层组织。高校班主任应通过大量工作,有目的、有计划地组织和培养一个真正团结坚强、奋发向上的集体。高校班主任对班集体的组织建设负有专门责任。高校班主任是大学生全面发展的指导者,大学生在德、智、体诸方面的全面发展需要班主任的专门指导。高校班主任不仅要教导大学生适应社会生活，还要帮助其发挥潜能，使其创造力得到充分发展。高校班主任对大学生的全面发展起着重要作用。

二、高校班主任的工作内容

高校班主任工作涉及多方面内容，主要包括学生学业、学生安全、宿舍管理、心理健康、思想教育、择业就业等，既涵盖基层管理也涵盖教书育人，既细小琐碎又事关重大。因此，高校班主任工作的成效不仅关系到学校管理能否正常运行，还关系到学生学业能否顺利完成，以及青年一代正确世界观、人生观、价值观的树立，更关系到国家的长治久安和社会的健康发展。高校班主任的多重角色定位以及多种工作内容共同决定了其在高等学校教育工作中担负着特殊使命，因此改进和完善高校班主任工作具有重要意义。

高校中各种大学生组织及其开展的各种活动，对班级学生的全面发展有着重要作用，高校班主任还要将课堂教学与各种教育活动统一协调、妥善安排，以发挥良好的教育作用。高校班主任是学校领导实施教学、教育工作计划的得力助手和骨干力量。学校是通过班级来开展教学、教育工作的。国家教育目的贯彻落实、高校工作计划的实施、各项活动的开展以及学生的成长，都取决于班级工作的开展，取决于高校班主任工作的质量。高校班主任在高校工作中有着特殊地位和作用，是学校领导的得力助手，是办好学校的骨干力量。高校班主任是沟通高校与家庭、社会的桥梁。由于学生的成长发展离不开社会、家庭、学校三方的共同努力，因此，高校班主任在沟通教育过程中起着桥梁作用。

高校班主任的工作内容十分丰富，主要包括以下几个方面：

（一）高校班级班风建设和重点养成

高校班风是班级建设的重要内容，而学风、考风又是班风的一个重要方面。良好的学习行为习惯是学风、考风的根本。所以在狠抓班风建设时，要重点抓好养成教育。良方良药是相对的，必须对症下药。高校班主任首先必须摸清班情，尽可能掌握班内每个学生个体的情况信息。对于大一年级的班主任，要深入实际，找学生交心谈心，解决带有共性的问题。例如，帮助大学生克服不良的生活习惯；培养大学生文明礼貌的习惯；培养大学生的集体主义观念；强化大学生考风考纪教育，端正考风。

(二) 围绕中心,多方指导

高校的中心工作是教学,大学生的中心任务是学习。必须围绕学习这个中心广泛开展各项工作,多方面予以指导。要引导学生确定人生的奋斗目标,使之将自己的前途与祖国的命运紧密联系在一起,立志要为国成才;要帮助大学生树立必胜的信心;要引导学生立足基础,以不变应万变;要加强对学生的规范化训练,培养其严谨的治学态度。学生治学态度是否严谨,不仅对现阶段的学业成绩有直接的影响,而且对以后就业或攀登科学高峰也有重要作用。考试是一项重要的教学工作,必须给予足够的重视。

(三) 建章立制,严格管理

没有规矩,不成方圆。首先,高校班主任要根据校纪校规,结合班级实际情况制订班纪班规,如教室、寝室管理制度,纪律卫生制度,个人量化考核细则等。然后,要依章管理学生,认真做好相应的记录用以大学生综合素质考核评判标准。定期检查督促,及时总结表彰,必须注重"四个发挥"的作用:充分发挥团支部、班委会在班级教育管理中的主力军作用;充分发挥社会的效应;充分发挥榜样的力量;充分发挥班主任的表率作用。

第二节 高校班主任工作的地位与作用

高校班主任作为大学生思想政治教育工作队伍的重要力量,是大学生健康成长的指导者和引路人。2020年10月13日,中共中央、国务院印发的《深化新时代教育评价改革总体方案》中明确指出,青年教师晋升高一级职称,至少须有一年担任辅导员、班主任等学生工作经历。学生是大学之本,班级是高校人才培养最基础也是最重要的单位。班主任是班级的引领者,是全面负责班级学生思想、学习、健康、生活等综合发展的教育指导者,是班级团队的组织者、领导者和教育者。高校班主任在高等教育人才培育工作中处于十分重要的地位,是承担高校育人使命的直接参与者和大学生成长成才的教育者,对大学生的人生道路引领发挥着重要的影响作用。

一、高校班主任工作的地位

高校班主任在整个大学教育中占有特殊地位。为了全面、正确贯彻党的教育方针,实施学校制定的各项教育要求和教育计划,培养德、智、体、美、劳全面发展的社会主义劳动者,班主任是对整个班级、对每个学生负责的班集体的组织者、教育者和指导者,是学校实施教育计划的得力助手。班主任工作的优劣很大程度上决定了班级学生的素质。有关追踪调查表明,一些优秀班主任培养的学生合格率较高,其中有不少人成为各行各业的优秀人才。反之,个别不合格的班主任带出的学生合格率偏低。因此,班主任在培养学生良好的思想品质、道德行为上具有重要作用,其地位是其他人员不能代替的,是班级学生教育的首要责任教师。

高校班主任是大学生健康成长成才的教育者。高校的学习、生活环境及管理体制与中学相比有很大不同,如何使大一新生适应大学生活、融入大学运行机制、顺利完成大学学业、踏入社会成为有用的人才,切实解决学生在成长成才过程中所遇到的各种矛盾及问题,作为大学生成长成才的教育者,班主任的工作不可或缺。由于大学能力、素质高低不同,不同学生都有各自的特点和需求,学生在成长过程中所面临的问题和追求的发展目标以及人生的规划也不尽相同,也就导致学生的需要不同,这就要求高校的培养过程要精细化,要考虑到每名学生的成长需要。高校班主任是大学生求学时间里的陪伴者,对不同学生的需求了解也是最深入的,是解决学生需求最有效的教育者。随着科技进步,网络等信息技术的不断发展和全球化趋势的增强,大学生的视野更加开阔,接受信息的渠道日趋多元,思想观点也不断开放,一些消极现象和不良的价值观也极易向大学生群体渗透。由于大学生的思想和心理尚未成熟,正处于世界观、人生观和价值观定型的关键时期,对于某些现象缺乏正确的辨识能力,因此,班主任在帮助当代大学生健康成长的这一艰巨性和复杂性的任务中发挥着至关重要的地位。

高校班主任是高校育人使命的落实者。立德树人是我国教育的根本任务,高校的使命是培养德、智、体、美、劳全面发展,能够适应和满足社会需要的合格建设者和接班人。高校班主任是做好学生思想工作、班级学风建设及日常管理的骨干力量。班主任工作在高校育人使命中的地位和作用是不可替代的。高校的育人使命必须通过教师来完成。长期以来,教师和学生构成了参与高等教育活动的两个要素。专业教师负责对学生进行知识传授,专职学生工作人员负责对学生开展思想政治教育和日常管理,班主任工作则是将教书与育人有机统一的有效途径,使得高校管理更具有实效性。高校的思想政治教育、教学活动、课外实践活动等日常管理需要以班级为单位开展,班集体的建设对学生的成长和发展具有重要的作用。

班主任作为学校与学生之间相互沟通的桥梁,作用不可或缺。一方面,班主任要把学校的教育方针、教育思想、计划和管理制度贯彻到学生中去;另一方面,班主任要把学生的状况和诉求向上反映,在学校的管理体制中扮演着承上启下的角色。离开了班主任队伍,学校的思想政治教育工作及教学管理工作便无法有效地开展和落实。因此,班主任工作是增强高校管理实效性的重要保障,是落实高校育人使命的重要者。

班主任是维护高校稳定的重要力量,在高校维稳工作中发挥着重要作用。无论是在敏感时期开展学生思想工作,还是处理突发事件,班主任都扮演着重要的角色。在新形势下,高校的学生工作任务仍旧很艰巨,班主任深入学生,凭借着他们对党的忠诚、对学生的影响力,及时开展思想教育工作。在纷繁复杂的社会中,学生很容易出现心理问题和其他意外事件,班主任在其中发挥着独特的作用。他们平日通过授课和班级管理,经常与学生沟通,和同学们结下了亲密的师生情谊,在学生遇到问题的时候,能够及时深入地了解具体情况,有针对性地对学生开展思想工作,有利于维护学校的稳定。

二、高校班主任工作的作用

高校班主任工作在上级有关方针政策和高校管理部门的领导下不断加强,对新时代下大学生思想政治教育工作和高校落实立德树人根本任务有着不可替代的作用。班主任必须切实承担起育人的工作。按照教育方针和学校工作计划,组织各种有意义的活动,培养和选拔学生干部,形成团结向上的班集体,促使学生养成良好的思想、政治和道德素质,努力学习科学文化基础知识和劳动技能,锻炼出健全的体魄,使学生成为有理想、有道德、有文化、有纪律的社会主义建设者和接班人。

作为专业教师的班主任,在学生学业指导和学风建设上发挥着重要作用。高校作为培养学生成为社会主义事业建设者和接班人的重要阵地,在学生中树立良好的学风、帮助学生成长成才是教师的主要职责。高校班主任学历多为硕士研究生及以上文凭,他们在求学阶段都曾受过严格的科研训练,在成为教师之后,更是从未放下科学研究工作。以专业知识为背景,以良好的科研能力为依托,对学生进行学校组织的各项课外科技活动的指导工作,协助学生在各项竞赛和活动中崭露头角,锻炼学生的创新能力。作为专业教师的班主任,要将教书与育人有机结合,利用自己的专业知识,培养学生的学习兴趣;凭借自己丰富的教学经验,帮助学生掌握学习方法;借助自己的科研实践,积极培养学生创新创业精神。高校班主任要将学业指导和学风建设工作作为自己工作的重要任务,并充分发挥自己的专业优势。

作为班级管理者的班主任，在班级日常事务管理中发挥着重要作用。在大学中，班级是最重要和最基础的教学单位。由班级到专业、由专业到年级、由年级到学院，逐级开展管理工作。班级是基础组成单位，班主任则是基础力量。班主任在班级开展思想政治教育工作，帮助和引导学生成长成才的过程中，还承担着许多班级日常事务管理工作，如班团建设、班风建设、班集体活动、评奖评优、家庭经济困难学生资助等。班主任在日常管理的过程中，不仅要确保完成管理任务，还要积极发挥人格魅力，充分展现对学生的关心和关爱，拉近师生的感情距离，充分发挥自己在班级中的作用。

作为学生成长引路人的班主任，在学生发展规划和就业指导中发挥着重要作用。班主任与学生接触最多、时间最长，对每个学生的了解最透彻。无论是学生的性格特点、专长爱好，还是能力潜质，班主任都有比较客观的了解，能在一定程度上为学生的个人发展规划和就业指导给予帮助。学生们经常会找到自己信赖的班主任寻求建议和帮助，以解决自己各方面的问题。学生在遇到思想问题、个人规划问题、人际关系问题、学业问题的时候，都会寻求班主任的帮助。同时，在就业指导工作中，班主任可以利用自己专业的社会资源，为学生提供一些本专业的就业信息或有价值的参考意见，甚至有些班主任能够为学生的专业选择提供宝贵的建议。近年来，国家对大学生就业高度关注，完善了各大高校就业工作机制，并且强调校长是学校学生就业工作的第一负责人，班主任是班级学生就业工作的责任人。班主任与辅导员一起，作为毕业生择业的参谋与助手，周到细致地承担着学生发展规划和就业指导服务工作。

第三节 高校班主任工作的目标与原则

一、高校班主任工作的目标

（一）帮助学生树立正确的世界观、人生观、价值观

大学时期是学生人生观、价值观、世界观形成的重要阶段，也是学生触及社会、政治、个人前途等问题的敏感时期。当代大学生既有开拓、进取、追求人生价值等积极向上的一面，部分学生也有价值取向多元化、缺乏责任感、使命感等消极的一面。高校班主任由专业老师担任，与学业关联度高，在学业上和未来工作方向上能指导学生，并为他们提出切实的建议，可以成为学生思想上的引路人，学业上的引

导者,就业时的指导者,甚至是情感和生活上的守护人、"勤务兵"。具体来说,班主任可以在工作中抓住以下几个核心:

首先,良好学风是成绩考核指标的保障,大学四年,应将学风建设放在工作中心,逐年落实侧重点。

其次,培养学生树立新时代的人生观、价值观,树立积极向上的事业观,学生学习的积极主动性来源于对未来的期望,对事业的期待,班主任应具备专业视野,充分发挥自己的经验优势,在确保学习为首要任务的同时,帮助学生建立事业观,建立强大的内心力量。

最后,校园班主任应发挥在安全与心理健康工作方面的优势,多与学生接触沟通,注意了解学生心理状态,调停班级矛盾,对同学的心理问题做到及时发现、适当介入,守护同学心理健康,维护好校园安全。

班主任无私的关爱、正确的行为引导、谆谆的教诲、润物无声的人格修养,才是教育学生最有力的手段。班主任应充分利用各种时间,多和学生谈心,动之以情,晓之以理,不失时机地对学生进行正确人生观、世界观、价值观的引导,使学生在掌握专业知识和技能的同时,逐步提高人格修养,做一个心胸开阔、善良、诚实、正直、有责任心的人。

(二)帮助学生养成良好的道德品质

高校思想政治教育在大学生道德品质的形成上,具有积极的引导作用。通过思想政治教育,使大学生形成正确的道德认识,并付诸实践,形成稳定良好的道德品质。首先,班主任要有坚实的专业功底、优良的个性品质和强大的人格魅力,要通过各种途径不断提高自身修养和管理水平。其次,班主任需要提高教育内容的科学化水平。高校思想政治教育的内容既要以教育目标为依据,把握大方向,又要考虑到大学生身心发展的个体差异,选取贴近生活实际的教育内容,增强教育的针对性和实效性。再次,班主任要创新帮助高校学生养成良好品德教育方法。在传统的"灌输法"的基础上,要积极探索学生乐于接受的教育方法,丰富方法体系,促进大学生对社会道德规范的认识理解和掌握。最后,班主任要加强自身的素质修养建设。班主任承担着为人师表的重任,是学生成长路上的引路人,这就要求班主任要注重师德修养,自尊自励,自警自省,以自身的模范行为为学生树立表率,在日常生活、学习、工作中成为学生效法的榜样,以促进学生良好道德品质的形成。

(三)帮助学生树立正确的就业观念

做好贯穿整个大学时期的就业指导工作,保障学生顺利就业和深造。大学时期作为大学生从学生到社会人的重要过渡时期,最直接的标志就是学生在毕业时能否顺利进入下一阶段的就业或深造。因此，就业指导是班主任工作中最重要的一个环节。在高等学校办学规模扩大，就业市场格局改变，以及我国大中专毕业生就业制度改革的大背景下，一定要做好贯穿大学整个时期的就业指导工作。首先，帮助学生做好职业生涯规划，让他们了解本专业的发展前景、自己的兴趣爱好和社会与行业的需求，在此基础上做好自己的职业生涯规划，并以此作为自己大学时期的行为导向。其次，指导他们通过各种媒介渠道了解和掌握行业发展和人才需求的最新形势，从而及时调整个人愿望和社会需求的关系。引导学生正确评价自我，同时不要把就业目标定得太高，及时更新观念，调整和完善自我，拓宽就业思路。再次，帮助学生精心准备求职简历和相关材料，安排模拟面试，为学生做好求职的"模拟考"，传授学生实际就业过程中的一些方法和技巧，让他们学会"包装"自己、展示自己和推销自己。最后，做好学生择业中容易出现的心理和精神压力的排解工作，帮助学生进行就业分析以及树立正确的就业观念，避免盲目就业和走极端的情况。

（四）指导学生班委会建设，激发学生的积极性、主动性

班主任工作热情再高，投入再大的精力和再多的时间，仅凭一己之力也难以完成对班级的有效组织和引导。班主任要充分利用班集体的力量影响教育学生，让学生学会自主管理。班委会是学生独立开展自我管理、自我教育、自我服务的组织，是联结班主任、任课教师和学生的桥梁，是班主任开展班级管理工作的帮手。班委会在班主任的指导建设下，根据其职责组织班级相应活动，各班委团结协作，在全体同学中起模范带头作用，为同学提供学习、生活、纪律、体育等方面的日常服务。班主任要有意识地培养学生的自主管理意识，发挥班干部的骨干核心作用，班主任要充分信任班委，放手使用班干部，将班级管理权限下放。对班干部，要放手使用更要指导扶持，要关心爱护也要严格要求，虽不求全责备，但要扬长避短。班委的作用发挥得好，对于服务同学、维护班级秩序、协调班级关系、化解班级矛盾、培养学生自我管理能力等有积极的推动作用。

二、高校班主任工作的原则

（一）方向性原则

方向性原则班主任工作的根本原则。在我国，班主任工作的方向就是社会主义的方向，就是必须坚持马克思主义、毛泽东思想、邓小平理论、"三个代表"重要思想、科学发展观以及习近平新时代中国特色社会主义思想，必须坚持党的基本路线。

当代大学生思想政治状况的主流是积极的、健康的、向上的。但是在新形势、新情况下,加强和改进大学生思想政治教育,对于提高大学生思想政治素质,促进他们全面发展,对于全面实施科教兴国和人才强国战略都具有重大而深远的战略意义。大学生思想政治教育工作队伍主体是学校党政干部和共青团干部、思想政治理论课和哲学社会科学课教师、辅导员和班主任。辅导员、班主任是大学生思想政治教育的骨干力量,班主任负有在思想、学习和生活等方面指导学生的职责。作为大学生思想政治教育工作一个重要的组成部分,班主任工作在大学生思想政治教育方面的重要作用不容忽视。

人才培养,德育为先。培养社会主义事业的接班人是我国教育事业的终极目标,缺少社会主义信念的受教育者,不仅不会成为国家事业的建设力量,还可能成为社会的不稳定因素,给个人、家庭及国家带来不幸。学生成长过程中,面对的各种现实问题、社会问题,以及历史和时代发展中的问题,需要教育工作者正确引导。大学生活中,班主任应该要时刻牢记社会主义价值理念,通过言传身教,潜移默化地指导学生认识国家发展与自身发展的关系,认识国家发展中自身肩负的使命,坚定成才信念,坚定社会主义核心价值观,在面对各种消极负面因素时保持积极乐观的精神,成为合格的社会主义建设者。

(二)全面性原则

全面性原则有两层含义:一是要面向全体学生,公正无私,一视同仁热爱所有的学生,不厚此薄彼。坚持以人为本,平等公平地对待每一位学生,尊重他们的人格,工作中保持良好的师生关系,应贴近实际、贴近生活、贴近学生,多了解他们的生活和学习情况,交流大学生活感受,尊重学生的隐私,注意为特殊学生保密,让学生充分信任老师。工作外做他们最知心的朋友,在日常生活中,应言出必行,给学生树立良好的榜样,激发学生的主观能动性,让学生充分信赖老师而不是依赖老师。二是要让每一个学生在德、智、体、美、劳各种素质上,全面和谐地发展,而不是只关心学生的学习。

当代大学生大多是"00后",有相当一部分是独生子女,他们的身心发展呈现出一些共有特点,如思维活跃,容易接受新鲜事物和思想;自我意识强,但大局观和集体观念淡薄;参与意识强,但辨识能力较弱;依赖性强,心理承受能力较弱等。这些新情况对高校班主任工作提出了新的要求,班主任在身份定位上要完成从管理者到服务者的转变,在教育方式上要完成从说教式到引导式的转化。

(三)情感性原则

情感性原则要求班主任要通过关怀学生、理解学生、尊重学生,与学生建立真挚的情感,形成和谐融洽的师生关系。班主任在班级管理过程中应该重视对学生的关爱,并且尊重学生,这是进行情感管理的前提与核心。班级管理最基础的要求就是关爱学生。班主任应该重视与学生建立平等的关系,在日常生活与学习中多与学生沟通,进行情感交流,互相尊重。对于班级中组织的各类活动,班主任应该鼓励学生独立完成,尊重学生的想法和意见,鼓励学生按照喜欢的方式组织活动,培养学生对班主任的信赖感,促进师生间的情感沟通。现代化的教育工作要求教师与学生形成平等的关系,教师应该成为学生的良师益友。高校的学生对事物的认识已经具备一定的水平,而且对待一件事情时有自己的想法。因此,班主任要将学生看成具有独立人格的人,认真地对待每一名学生。班主任应该充分尊重学生的自尊心,了解学生的真实需要,尊重学生的个性发展,并且信任学生,与学生建立平等的师生关系。同时,班主任应该重视与学生的互动,在课余时间与学生共同参与课外活动。对待全体学生一视同仁,尤其是对后进生,更应该多关爱、多沟通。

（四）疏导性原则

疏导性原则,即通过说服、熏陶、体验等多种途径,尽量调动学生接受教育的内部动力,达到提高学生自我教育能力的目的。高校大学生情感比较丰富,自我意识比较强。大学阶段正是大学生开始认识自我、审视自己、增强自尊心与好胜心,重视自我体验,开始自我监督,增强自控力的阶段。此时的大学生希望别人能够尊重自己,希望通过自身努力取得进步。但是,部分学生的生活经验比较少,文化素养比较低,有时候对自己的评价过高,遇到事情时容易冲动,情绪波动比较大,具有明显的两极性。此外,他们的情感具有丰富性,但不会轻易显露出来。因此,班主任在进行班级管理时应重视鼓励学生,真诚对待每一位学生。在班级管理中,班主任要做到具体问题具体分析,在日常工作中善于发现学生的长处,并且为学生创造展示能力的机会,可以通过在班级内部设置一些职务来充分挖掘学生的潜能,发挥学生的优势。在学生取得成绩时,要重视鼓励和赞美学生,对于学生的不足之处也应该加强督促,帮助学生学习一些基本的技能等。需要注意的是,批评学生时要注意方式方法,多沟通,帮助学生学会约束自己。另外,班主任在发现学生的优点后,应该及时地鼓励学生,积极地引导学生,培养学生的进取心,帮助学生进步。

（五）民主性原则

民主性原则,是指班主任在工作中要尊重学生在班级中的主人翁地位,支持和引导学生正确地行使民主权利并保障其自身权利,与学生建立民主的师生关系。班主任工作的民主性原则是社会主义学校民主管理原则的具体要求和体现,对于培养学生的主人翁精神、创造性、独立性以及建立民主的师生关系都有着十分重要的意义。要坚持与学生保持亦师亦友的关系,在学生管理和教育工作中,不能以教师的身份来压制学生,而应以自身丰富的专业知识和独特的人格魅力去感染学生;要及时采纳学生的正确意见,接受学生的监督。

在大学班级里,一个积极向上、团结进取的班集体能够塑造学生良好的道德风尚,引导学生树立远大的理想和明确的学习目标,充分开拓学生的智力、才能和创造性,是学生健康成长最优良的土壤。因此,班主任应在班级中营造民主气氛,为学生行使民主权利创造条件;开展和完善学生的各种组织,指导班委会积极主动地工作。对于常规性的工作,不必事必躬亲,否则很容易沦为"保姆式"的管理者;要适当放权,给学生自己做,既能解放自己双手,投入到更重要的工作中,也能锻炼学生的能力,培养学生独立自主和创新意识。

(六)协同性原则

班级管理和建设除了依靠班主任的力量,还需要发挥其他育人主体的协同育人作用,促进资源整合,推动班主任与各育人主体,特别是与辅导员、家长的有效合作,实现班主任育人工作的优化。

一方面,要发挥与辅导员合力育人的作用。辅导员和班主任是高校开展大学生思想政治教育的有力抓手,虽然辅导员和班主任之间存在工作对象数量不同、工作侧重点不同等区别,但是双方都肩负着加强和改进大学生思想政治教育、帮助学生成长成才的共同任务,是一个完整的有机体,应做到互相补充、相辅相成,形成育人合力。班主任在日常工作中,要明确与辅导员之间的具体职责,做好合理的分工合作,在学生的思想与活动等方面以辅导员为主导,在学生的学业和班级建设方面以自身为主导,双头联动、有机配合,提高工作效率,避免因权责不明在学生管理工作中出现疏漏。

另一方面,要加强家校合作。学校教育与家庭教育作为互为补充、取长补短的两种教育方式,共同影响学生的成长与发展。家庭教育在教育内容、教育方法、教育形式等方面都具有和学校教育完全不同的特点,是大学生思想政治教育的关键环节,加强家校合作有利于更好地把握大学生的思想动态,提高班主任工作的针对性和实效性,形成教育合力,提高教育成效。

第二章 高校班主任工作依据

高校班主任一直在学生的生活、学习以及思想教育等方面充当着重要的角色，是高校学生管理的执行者，在学生的健康成长和生活学习中发挥着重要的作用。党中央、国务院及各级主管部门针对高校班主任印发了大量工作指导文件，做好相应的文件解读工作有助于理解高校班主任工作管理内涵。

第一节 高校班主任工作的国家相关政策解读

近年来，《关于进一步加强和改进大学生思想政治教育的意见》《关于加强和改进新形势下高校思想政治工作的意见》《关于加强高等学校辅导员、班主任队伍建设的意见》《关于加快构建高校思想政治工作体系的意见》等通知相继出台，国家层面将德、智、体、美、劳全面发展的社会主义合格建设者和可靠接班人的培养作为重中之重。高校思想政治工作是我国高校一项以立德树人为中心全员育人、全方位育人、全过程育人的系统工程，而班主任是我国高校思想政治工作中的重要角色，是学生的成长成才过程中不可或缺的一部分。

依托班级进行大学生思想政治教育是我国高等教育的重要特征，而为每个班级配备班主任，则为大学生思想政治教育提供了最基层、最直接的主导力量。回溯我国高校班主任制度，其贯穿于高等教育制度从建立到不断完善的全过程，高校班主任与辅导员、思想政治理论课教师、党团干部、心理健康教育教师等共同组成了大学生思想政治教育的骨干队伍。

不同于专职大学生思想政治教育队伍，尤其是专职辅导员队伍，高校班主任主要由兼职人员组成，长期以来面临着目标定位不明、工作职责不清等问题，如一些教师担任班主任的目的仅仅是为了取得职称晋升的资格等，这与大学生思想政治教育的制度要求不相一致。2016年，习近平总书记在全国高校思想政治工作会议上强调："整体推进高校党政干部和共青团干部、思想政治理论课教师和哲学社会科学课教师、辅导员班主任和心理咨询教师等队伍建设，保证这支队伍后继有人、源源不断。"① 如何在加快构建高校思想政治工作队伍体系中整体加强班主任队伍建设,需要准确把握。

一、在班主任队伍的配齐建强上下功夫

高校班主任育人地位和作用不断巩固,为了适应新形势的要求,一方面,党中央强调"加强和改进大学生思想政治教育,提高他们的思想政治素质,把他们培养成为中国特色社会主义事业的建设者和接班人";另一方面,明确"班级是大学生的基本组织形式""要着力加强班级集体建设""每个班级都要配备一名兼职班主任,鼓励优秀教师兼任班主任工作"②等。担任班主任成为新时代高校教师培养的重要途径。

党的十八大以来,习近平多次强调立德树人是教育的根本任务,是高校的立身之本,高校每门课程、每名教师都负有育人的重要职责,广大教师应当以德立身、以德立学、以德施教、以德育德。2016年,全国高校思想政治工作会议明确要求将思想政治工作队伍建设"纳入高校人才队伍建设总体规划,形成一支专职为主、专兼结合、数量充足、素质优良的工作力量",其中就包括加强班主任队伍建设。2020年,教育部等八部门印发《关于加快构建高校思想政治工作体系的意见》,对建设高水平教师队伍和打造高素质思想政治工作队伍等提出了明确要求。

在党中央高度重视教师队伍和思想政治工作队伍建设的背景下,推荐和选拔优秀教师担任班主任成为高校加强教师培养的重要途径。各地各高校总体上要落实每个班级都配备班主任的要求,并将其列入高校政治巡视、专项检查等重要内容,同时开展班主任专题培训班,注重对他们进行思想政治素质和工作能力的培养培训,加强高校党政干部和共青团干部队伍建设。高校班主任是大学生思想政治教育队伍的一部分,需强化班主任思想政治工作属性,在选聘中要体现思想政治素质底线,不是谁想做就可以做,强调大学生思想政治工作的极端重要性和班主任工作的重要政治责任,在选聘标准建设中着力解决谁能做、谁不能做的问题。在政策规定中明确担任班主任经历要求,在选聘中突出能力导向、思想政治素质底线,在政策引导和基层选聘上双向发力,把真正愿意担任班主任工作、热爱学生工作、具有较强育人能力和奉献精神的专业教师选聘到班主任岗位。

---

① 习近平.习近平谈治国理政:第2卷[M].北京:外文出版社,2017.
② 中共中央国务院关于进一步加强和改进大学生思想政治教育的意见[N].人民日报,2004-10-15.

二、加强教师担任班主任的内容规定

在强化班主任思想政治工作中的身份认同和强化班主任育人功能发挥过程中,解决班主任怎么做、做到什么程度、达到什么效果等问题。纵观我国大学辅导员队伍建设制度发展历程,从2004年《中共中央国务院关于进一步加强和改进大学生思想政治教育的意见》,2005年教育部《关于加强高等学校辅导员、班主任队伍建设的意见》,2006年教育部《普通高等学校辅导员队伍建设规定》,到2016年召开的全国高校思想政治工作会议,再到2020年教育部等八部门《关于加快构建高校思想政治工作体系的意见》,以及2021年7月中共中央、国务院《关于新时代加强和改进思想政治工作的意见》,对高校辅导员队伍建设规定和管理规章不断完善,但相对而言,在国家层面对班主任队伍建设的管理规章还比较缺乏。

班主任同辅导员一样同为大学生思想政治工作的一线骨干力量,从国家层面对辅导员的规定规章、对班主任的工作标准给出了基本遵循。但对各高校而言就要充分发挥主观能动性,要依据国家思想政治工作总体要求,加强制定和完善班主任队伍建设相关管理规定,使之与辅导员管理制度相适应,既要在队伍建设规划、职业能力标准、培养培训体系等方面不断完善,又要体现与辅导员岗位的差异性和工作上的协同性,对班主任具体工作,如深入课堂听课、深入宿舍查寝、开展主题班会、组织班级活动、与学生谈心谈话等尽可能量化。

三、明确班主任工作功能与职责

《普通高等学校辅导员队伍建设规定》中强调,要切实加强高等学校辅导员队伍专业化、职业化建设。因此,辅导员工作方向发展是向专业化方向发展,在"面"的工作方向上是"专",工作重点面向如思想理论教育和价值引领、心理健康教育与咨询、心理危机干预、职业规划与就业创业指导、理论和实践研究等,对年级、班主任和班级管理上强调引领和整体管理,指导作用明显,有"面"的指导,突出专项事务管理。班主任工作是相对具体的,在具体事务中引导学生向上向善,教育引导学生践行社会主义核心价值观,落细落实大学生思想政治教育工作。

因此,在大学生思想政治工作体系中,在明确辅导员、班主任的岗位职责基础上,更为突出的是需要在"大思政"格局和"全员育人"体系中强化辅导员、班主任的育人协同和思想政治工作成效的有效融合,两支队伍都需要深刻把握当代大学生思想状况、思想政治工作规律、成长成才规律、育人规律,在工作中形成合力、合作联动、交叉融合、功能互补。班主任和辅导员的育人协同,在具体工作内容和工作方法上也是点、线、面的有机融合。辅导员工作主要是"面",而班主任工作是"线",各个具体事务、各个班干部和学生个体的工作都是"点",由"点"成"线"、由"线"汇"面",班级管理各个具体事务"点"需要班主任这条"线"的牵引和指导,班主任工作这条"线"有断点就不能形成完美的思想政治工作"面",这种点线面的有机结合才能使得大学生思想政治工作落细落实,由"细枝""末叶"支撑"枝干",共同促进大学生思想政治工作"大树"健康可持续发展,在相互补位不留盲点中加强和改进大学生思想政治教育工作。

第二节 高校班主任工作的教育行政部门规章解读

为进一步贯彻落实党中央文件精神,2005年,教育部印发《关于加强高等学校辅导员、班主任队伍建设的意见》,除了对辅导员和班主任提出了包括职责定位、选拔标准等方面的共性规定外,还对班主任提出了特殊规定,如明确"每个班级要配备一名兼职班主任","班主任应从思想素质好、业务水平高、奉献精神强的教师特别是中青年教师中选聘,原则上应具备相关学科专业背景和较强的组织管理能力","兼职班主任在晋升专业职务时,要充分考虑其担任班主任的工作经历和业绩。专任教师晋升高一级教师职务时,原则上要有担任班主任等学生教育管理工作的经历"等。2006年,教育部出台了《普通高等学校辅导员队伍建设规定》,标志着高校辅导员队伍建设迈上了法制化轨道,其中明确规定"思想政治工作其他队伍建设可以参照本规定执行"[①],这也为班主任队伍的规范化建设提供了基本遵循。

一、从核心素养来看

教育部印发的《关于全面深化课程改革落实立德树人根本任务的意见》(教基二〔2014〕4号)将学生发展核心素养定义为"学生应具备的适应终身发展和社会发展需要的必备品格和关键能力"。"适应终身发展和社会发展"的目标指向决定了学生发展核心素养的内涵,那么高校班主任核心素养的目标指向是什么呢?

首先,从职业身份角度,高校班主任核心素养应有利于落实立德树人根本任务。把立德树人落实到大学建设和管理的各领域、各方面、各环节,是党和国家对高等教育提出的要求,也是高校班主任履职尽责的行动指南。其次,从工作对象角

---

① 清华大学校史研究室.清华大学史料选编[M].北京:清华大学出版社,2007.

度,高校班主任核心素养应有利于满足学生德、智、体、美、劳全面发展和成长成才的需要。虽然当前大学生思想政治状况呈现积极正向的总体态势,但高校班主任仍要经常面对不同学生、不同形式、不同程度的学业、心理、就业等现实问题,需要为学生提供多样化和个性化的教育帮扶。因此,从本质上来说,高校班主任核心素养是班主任落实立德树人根本任务和满足学生成长成才需要的必备品格和关键能力。

二、从工作职责看

《教育部关于加强高等学校辅导员班主任队伍建设的意见》(教社政〔2005〕2号)指出,"班主任应从思想素质好、业务水平高、奉献精神强的教师特别是中青年教师中选聘,原则上应具备相关学科专业背景和较强的组织管理能力"。教师担任班主任的优势在于,与学生接触机会更多、时间更长、范围更广、程度更深,更容易把握教书育人规律和学生成长规律,增强师德师风建设的成效。班主任通过班级文化建设、开展日常交流等教育引导学生践行社会主义核心价值观,成为学生锤炼品格的引路人;班主任通过生涯规划、学业辅导,开展班级学风建设,联通课堂教学与课外学业指导,成为学生学习知识的引路人;班主任通过指导学生参加学术交流、学科竞赛、创新创业训练等活动,成为学生创新思维的引路人;班主任通过组织开展主题班会、社会实践、网络思政等活动教育引导学生爱国、爱党、爱社会主义,成为学生奉献祖国的引路人。

加强班主任工作是高校推进"三全育人"综合改革的示范点。教师担任班主任是高校推进"三全育人"综合改革的实践载体。从主体看,据2018年全国教育事业发展统计公报显示,教师占高校教职工的近七成,教师担任班主任壮大了高校思想政治工作队伍的力量,将全员育人向前推进了一大步。从时间看,通常班主任要陪伴学生度过四年大学时光,贯穿学生从入学到毕业的全过程,其工作内容涉及学生生活、学习、思想、心理等方方面面,体现了全过程育人。从空间看,教师担任班主任把课堂教学、社会实践、网络育人等环节贯穿起来,使思想政治工作覆盖课内课外、线上线下、校内校外,体现了全方位育人。

辅导员和班主任的工作是教育功能、管理功能和服务功能的有机统一。思想政治教育是辅导员的核心任务,包括学生的日常思想教育、参与配合思想政治理论课的教育教学,在基层党团组织建设、班集体建设和学生干部队伍建设中发挥主导作用等。同时,辅导员班主任的工作内容又涉及学生工作的方方面面,包括安全稳定、学生党建、学风建设、学生科技活动开展、学术社团管理、学生社会实践、班团建设、宿舍管理、学生心理健康教育、学生就业指导、资助困难学生与勤工俭学等。总之,辅导员和班主任是开展大学生思想政治教育的骨干力量,是高校日常思想政治教育和管理工作的组织者、实施者和指导者,肩负着把大学生培养成中国特色社会主义事业的建设者和接班人的重要职责。高校要解决好培养什么人、如何培养人的根本问题,离不开辅导员和班主任的辛勤劳动。每个辅导员和班主任都要强化自己的责任意识,以良好的精神状态和饱满的政治热情投身辅导员、班主任工作。

三、从形势方面看

以教育部《关于进一步加强高等学校辅导员、班主任队伍建设的意见》等配套文件的出台为标志,当前高校辅导员、班主任队伍建设进入一个新阶段。但审视高校辅导员、班主任队伍建设的实际,无论是数量还是质量与工作水平,都还不能完全适应高等教育事业快速发展的需要,而这离不开加强和改进包括班主任在内的思想政治工作队伍建设。

2004年,《中共中央国务院关于进一步加强和改进大学生思想政治教育的意见》指出,一方面,明确"辅导员、班主任是大学生思想政治教育的骨干力量","班主任负有在思想、学习和生活等方面指导学生的职责","要采取有力措施,着力建设一支高水平的辅导员、班主任队伍";另一方面,及时总结高校在加强辅导员、班主任队伍建设方面的经验和体会,进一步深化对辅导员、班主任工作规律性的研究,努力探索新时期高校辅导员、班主任队伍建设的有效措施,从根本上提高辅导员、班主任工作的整体水平,是高校党政组织和辅导员、班主任自身都必须面对的一个亟待解决的现实问题。

当前社会的政治经济与思想文化,高等教育的社会功能、管理体制、培养模式,青年学生的价值取向、思维方式、行为方式、群体演化等,都发生了很大的变化,这些变化对辅导员、班主任队伍的功能任务、规模结构、工作内容与方法、培养和培训,对辅导员、班主任的思想政治素质、科学文化知识以及实际工作能力等都提出了新的要求。

第三节 高校班主任工作管理内涵

高校班主任一直在学生的生活、学习以及思想教育等方面充当重要的角色,是高校学生管理的执行者,在学生的健康成长和生活学习中发挥着重要的作用。面对新生源和新教育对象的新特点,新时代的高校班主任应该充分履行职责,发挥其在高校管理以及学生管理中的积极作用。随着高校综合改革的推进,"三全育人"工作新格局逐步形成,在新形势下加强和改进高校班主任队伍建设,提升不同育人角色的育人功效,成为高校思想政治工作中的一项重要任务。

一、进一步完善高校班主任选聘配备制度

在新时代背景下的高校班主任选聘过程中,应当执行完善的选聘配备制度,选拔更多综合素质能力强的人担任班主任,而不是让一些滥竽充数的人员成为班主任。为促进学生全面发展,进一步协同辅导员队伍,班主任应从符合任职条件的专业教师中选聘。结合学生成长规律,每个本科生班级应当配备一名班主任,研究生班级原则上也需配备班主任,特殊情况下可以从思政课教师、辅导员中选聘。对班主任任职条件需综合考虑思想政治、师德师风、专业学术、个人品德等多方面因素。同时,对本科生班主任队伍应坚持优中选优,适当选聘符合条件的高层次人才担任本科生班主任。

高校班主任必然在思想学习和生活方面都对学生具有一定的指导作用,并能够按照院系各部门的部署,科学有效地开展学生管理工作。同时,高校班主任要具有坚定的理想信念和政治信仰,热爱大学生思想政治教育工作,能够与时俱进,不断提升思想文化水平。而在高校班主任的选聘过程中,也可以充分发挥学生作用,通过选举选择高校学生认可的人选作为高校班主任,通过民主的方式确定班主任的人选,可以让学生服从高校班主任的管理。高校班主任选聘制度也应该在实践中不断创新,部分高校挑选研究生担任本科班主任的做法,取得了一定的成效,值得推广实践。

二、进一步强化高校班主任培训制度

为了进一步发挥高校班主任的作用,必须制定完善的培训制度,加强班主任的培训可以提升班主任的业务水平和综合素养,为思政教育创造条件。高校对班主任的教育培训应坚持理论培训、专题研讨和实践教学相结合的原则,包括班主任岗前培训、专题培训(理论学习、工作实务、工作方法等)、工作经验交流、专项工作研究等。针对班主任工作中遇到的难点、重点以及时事热点问题,搭建思想碰撞、集思广益、共同提高的平台,定期组织班主任进行交互式的理论研讨和工作交流。学校也可通过组织班主任参与学习考察、社会实践等活动,强化实践锻炼,使班主任做到"潜心问道和关注社会相统一",切实提高解决实际问题的能力与水平。

加强高校班主任培训管理,一方面,要做好岗前培训工作,所有入岗前的高校

班主任要进行系统的岗前知识培训,让班主任可以尽快进入角色,了解基本的岗位职责。有条件的高校可以组织岗前培训班,对于学生管理相关的心理学、伦理学、管理学等方面的知识进行培训指导,培训结束后进行测试,符合标准要求的才可以上岗;另一方面,要做好日常培训以及做好基本的高校班主任规划管理工作。

三、优化高校班主任工作的考核和管理机制

加强高校班主任的管理,要明确对班主任的业绩考核标准,可制定详细的考核标准和考核办法,对其工作进行量化,进一步提高工作效率和工作质量。除了对高校班主任的基础工作进行要求以外,还要对学生的身心健康教育进行规范,要求班主任能够经常与学生谈心谈话。部分高校会对班主任的工作进行细化,明确要求高校班主任对于学生宿舍的检查次数以及班级会议的次数,虽然这些可以有效地对高校班主任工作进行考核,但在实际运行中,还要能够结合实际情况进行细化。对于高校班主任的工作考核,要能够从职责标准、绩效标准以及综合素质标准等方面进行量化和细化,避免形式化以及片面化,同时还要能够将学生对于高校班主任的满意程度作为一项重要的衡量标准,而非以上级领导和部门的评判作为考核结果。

四、提高班主任工作待遇,加强激励

逐步提升当前高校班主任的工作待遇,努力为其提供经济和政策方面的支持,也是当前高校班主任制度建设的重要内容之一。通过各方面支持政策的落实,可以进一步促进班主任工作,只有在政治上、工作上和生活上主动关心一线工作者,才能激发他们的工作热情和信心。

高校以及各级政府管理部门要能够结合各地和各个学校的实际,提升高校班主任的补贴和薪酬待遇,同时在职称和职务、进修等方面给予班主任更多的支持,并通过与其他聘用管理和培训制度的结合,逐步提升高校班主任队伍水平,为高校的学生管理综合水平提升奠定基础。

在物质激励方面,要做到待遇有保障,可以适当发放班主任津贴,对考核优秀的班主任给予适当奖励;专业教师担任班主任,可以根据其工作情况给予一定教学工作量的考量,以鼓励班主任投入更多精力在学生工作方面,更好地起到应有的学术引领作用。

在精神激励方面,可以营造班主任工作的文化氛围,提高专业教师担任班主任的归属感、成就感,营造专业教师担任班主任的良好氛围;同时,要树立标杆并大力

宣传其优秀事迹，为班主任提供努力方向。

在发展空间方面，班主任身处学生思想政治工作第一线，熟悉学生成长规律，高校要完善干部选拔任用机制，将班主任队伍作为党政干部选拔任用的重要后备力量，切实保障班主任队伍发展有空间。总之，高校辅导员和班主任作为一线工作执行者，对于大学生的健康成长和思想政治教育发挥着重要的作用。因此，在重视高校班主任积极作用的同时，还要能够进一步完善高校班主任管理制度，通过加强制度建设，逐步提升高校班主任队伍综合实力，解决当前高校班主任在工作中存在的问题。

第三章 高校班主任工作内容

第一节 高校班主任工作的制度建设

建立健全班主任制度是我国高校思想政治工作的鲜明特色和重要内容。新中国成立以来,高校班主任制度建设先后经历了初步探索、反思改进、逐步规范、全面加强等四个发展阶段,形成了始终与人才培养相贯穿、与辅导员制度相统一、与教师队伍建设相联结、与校园文化建设相融合等基本经验。总结和借鉴这些经验,有利于从增进身份认同、构建工作标准、强化作用发挥和加大能力提升等方面进一步推进我国高校班主任队伍建设。

一、高校班主任选聘配备制度

高校班主任作为大学生思想政治教育的骨干力量,具有在思想、学习和生活上指导学生的职责。班主任与辅导员在工作对象上具有重叠性,但在分工上应体现相对性和互补性,相互配合下可以有效提升育人成效。为此,在人员配合上应该要求既不能以辅导员代替班主任,也不能以班主任充抵辅导员,应按"配齐建强"的目标要求,加快构建辅导员与班主任之间"各司其职、通力合作""搭建平台、共同提高"等工作机制。各高校的班主任队伍建设机制各不相同,总的来说,组建一支高素质、高水平的班主任队伍,应明确选聘标准,解决"谁能做、谁不能做"的问题。因此,必须在选聘标准上予以明确,避免出现仅仅为了具有学生思想政治工作经历而担任班主任的现象,而要真正将那些思想政治素质高、热爱和熟悉学生工作、具有奉献精神的高校人员选拔到班主任岗位。

做好班主任选聘工作,是队伍建设的基础和前提,保障了人员入队的质量和水平。高校班主任工作的有效开展取决于选聘人员的质量和水平,为此必须明确高校班主任的聘任期限、选聘范围、选聘条件、选聘方式等。第一,明确班主任的选聘范围。为了实现高等教育育人任务,各院(系)的专业教师和各校行政管理人员都可以作为高校班主任的选聘对象,且在高级职称评定时,要优先考虑有班主任工作经历的教师。在实际工作中,要注意专业教师和行政管理人员的合理搭配,这样可以优化班主任队伍的专业结构。第二,明确高校班主任的选聘条件。高等学校要高度重视辅导员、班主任的选聘工作,必须坚持政治强、业务精、纪律严、作风正的标准,把德才兼备、乐于奉献、热爱大学生思想政治教育事业的人员选聘到辅导员、班主任队伍中来。班主任应首先从思想道德素质好、业务能力高、奉献精神强的教师特别是中青年教师中选聘,原则上应具备相关学科专业知识背景和较强的组织管理能力。第三,明确高校班主任的选聘方式。首先,规定班主任的选聘采取组织推荐和个人申报的方式,以个人申报为主,积极鼓励符合选聘条件的教师主动申请担任班主任工作;其次,注重班主任选聘程序的科学性,先由基层党委确定拟聘人员的初步人选,党委相关负责人与聘任对象交流沟通且征得本人同意后,由学院学生工作领导小组讨论确定并报学校学生工作部备案。

二、高校班主任培训制度

随着高等教育不断改革,高校环境和大学生特点不断发展变化,高校班主任队伍只有不断接受培训,树立新观念、学习新知识、提高工作能力和素质,才能更好地适应班主任工作。要通过思想政治教育理论知识和班级事务管理工作的培训,提升高校班主任的组织协调能力和管理能力,紧密结合自身工作的实际情况,不断探索、不断思考、不断发展,逐步提高自身的理论水平和实践经验。加强高校班主任队伍培训,是提升班主任工作质量和水平的重要保障。做好班主任培训工作,要科学制定班主任培训规划,逐步构建岗前培训、在职培训等分层次、多形式的培训体系,丰富培训内容、扩宽培训渠道、训练专业技能,不断提高高校班主任的思想政治素质、道德品质素质和业务素质。

在培训方面,一是建立班主任岗前培训体系。学校统一组织专业人员对新上岗的班主任进行岗前培训,通过多种方式对班主任进行专业知识和工作技能等内容的系统培训,帮助他们尽快熟悉业务工作,提高工作能力。高校班主任首先要了解自己的工作职责和角色定位,明确重点工作,才能有计划有目地开展工作。二是加强思想政治理论和国家政策、法律法规培训。高校班主任培训要以马克思列宁主义、毛泽东思想和中国特色社会主义理论体系为指导,紧紧围绕高校改革和学生全面发展,密切联系班主任工作的实际来开展,不断促进班主任队伍素质和能力的全面提高。三是做好班主任在职培训工作。当前高等教育体制不断创新,大学生的生活方式、思维方式、交往方式、行为方式等发生了很大的改变,对班主任工作提出了更高的要求和挑战,要求其具有更高的能力和素质,因此必须对他们进行在职培训。在职培训主要包括思想政治理论知识、时政热点分析、学校改革发展的情况等时政理论;教育学、心理学、社会学、管理学、思想政治教育学等人文素养类;党(团)建设、职业生涯规划、就业指导、心理辅导、思想疏导、学习指导、行为引导、学生日常事务管理、班主任实务等方面的培训,由此提升班主任综合素质和各项能力。

三、高校班主任考核与激励制度

高校班主任考核是以班主任工作目标为导向,以班主任考核体系为依据,采用系统方法对班主任工作完成情况、班主任工作职责履行情况等进行测量和评定的过程。建立科学、合理、有效的班主任队伍考核与激励机制,是加强班主任队伍建设的动力因素,起到导向与激励的作用,有利于鼓励先进、鞭策落后,提高班主任队伍工作积极性,从而达到提高班主任队伍素质和能力,提升班主任工作水平和质量的目的。

班主任队伍考核机制的原则要坚持质量与效果相结合、过程与结果相结合、考评与薪酬相一致、多方参与考核的原则。除此之外,还要注重班主任的自身素质,班主任自身素质的高低是开展工作取得何种效果的重要因素,也要纳入班主任队伍考核体系之中。

班主任队伍考核的内容主要包括德、能、勤、绩四个方面,要积极构建以德、能、勤、绩为维度,思想政治素质、工作能力、岗位出勤、工作绩效为要素的高校班主任队伍建设考核指标工作体系。

德,主要是指班主任的思想政治、工作态度、工作作风和职业道德水平。对于从事班主任工作的教师来说,只有具备相应的德性素质,才能胜任班主任工作。

能,主要是指运用于工作实际,解决问题的技能、艺术和本领,即班主任工作方法和艺术的学习与运用,帮助学生解决问题的能力、教育教学能力、组织管理能力和业务能力等。

勤,主要是指班主任的事业心、工作态度和勤勉精神,主要包括班主任参加班会、听课、走访宿舍、谈心工作等的开展情况。

绩,即绩效、业绩,主要是指班主任完成工作任务的数量、质量、效率等实绩和所产生的效益,包括班风,学风建设,班级获奖情况,英语四、六级通过率等。

在激励方面,学校管理者需要从高校班主任的需要出发,在具体管理实践中,要根据不同层次需要采取不同的精神激励和物质激励。例如,评职称的时候,班主任工作经历可以作为同等条件下优先评比的加分项;当班主任教师课业压力比较大时,对班主任减免一定的课时量,这样其他额外的课时可以按超课时部分进行核算,同时也能使班主任教师有更多的时间放在班级管理上。其次,学校管理者要重视班主任正当的物质利益要求,有效地实施物质激励的手段,力所能及地不断提高班主任老师的福利待遇,让他们较之其他教师的收入有明显的提高。

第二节 高校班主任队伍建设

高校班主任队伍建设为提高大学生思想教育的实效性提供了有利条件,高校班主任队伍建设的好坏关系着能否把思想政治教育工作落到实处以及思想政治教育实效性的发挥。加强辅导员、班主任队伍建设,是加强和改进大学生思想政治教育和维护高校稳定的重要组织保证和长效机制,对于全面贯彻党的教育方针,把大学生思想政治教育的各项任务落到实处,具有十分重要的意义。

一、优化高校班主任队伍结构设置

教育部在《关于加强高等学校辅导员、班主任队伍建设的意见》中提出:"高等学校要根据实际工作需要,科学合理地配备足够数量的辅导员和班主任……每个班级要配备一名兼职班主任。"从现实情况来看,并非所有高校都配备了兼职班主任,甚至同一所高校不同学院配置班主任的情况也不相同。另外,高校班主任管理班级的数量不统一,部分学院由专业教师担任一个行政班级的班主任,一名教师同时担任两个或两个以上班级班主任的情况也时有发生,有的学院甚至一个年级只配备一名班主任(相当于辅导员)。由此可见,高校班主任的配备情况没有达到上述文件要求,不能满足实际工作的需求,在一定程度上影响着育人效果。

为此,应切实优化高校班主任队伍结构配置。一是应合理配置年龄、职称、专业等要素,建立一支结构合理的高校班主任队伍。目前,高校班主任队伍趋向年轻化。年轻的班主任精力充沛、思想活跃,容易与学生产生思想共鸣,易于与学生亲近,能够与学生进行深入的沟通与交流,更好地解决学生遇到的各种问题和困难,便于做好大学生思想教育工作和日常管理工作。在实际工作中,一些经验丰富、工作能力强、综合素质高、德高望重的老教师和老干部担任班主任的情况较少,他们的作用和能力并没有得到真正利用与发挥。为了更好地发挥老教师的作用,提高年轻班主任的素质和能力,促进大学生的全面发展,在配备班主任时,应在年龄结构上注意老、中、青三代班主任的合理搭配。另外,积极发挥老班主任与年轻班主任的"传帮带"作用,从而实现优势互补、优化组合,共同做好大学生思想政治教育工作,促进大学生全面健康成长、成才。

二是优化高校班主任队伍职称结构。在完成高校班主任配备工作时,在职称结构上要注重高、中、初级职称教师的合理搭配。高级职称专业教师是指具有教授或者副教授职称的专业教师,他们具有丰富的社会经历和人生阅历,能够更好地帮助学生处理生活、学习、思想、心理、情感和人际关系等方面的问题,对学生进行全方位的帮助和指导,对于提高大学生的思想道德素质和科学文化素质具有不可替代的作用。初级职称的专业教师,工作积极性高,容易与学生进行交流和沟通,便于大学生日常管理工作的开展。初级职称的专业教师担任班主任与中、高职称的专业教师担任的班主任应相互交流沟通,优势互补,取长补短,共同致力于大学生思想政治工作。职称结构的合理搭配,有利于优化高校班主任队伍结构。

二、明确高校班主任队伍工作职责

在《关于加强高等学校辅导员、班主任队伍建设的意见》中明确规定:"辅导员、班主任是高等学校教师队伍的重要组成部分,是高等学校从事德育工作,开展大学生思想政治教育的骨干力量,是大学生健康成长的指导者和引路人。"高校班主任是大学生思想政治教育工作的领导者、组织者和协调者,他们在培养一代又一代社会主义的建设者和接班人,帮助广大学生培养良好的思想品德、树立远大目标和崇高理想等方面肩负着重要职责。高校班主任的工作性质要求他们应当具备高尚的思想道德素质、较高的知识素质、较强的能力素质以及开拓创新素质和无私奉献的精神。目前,各高校对班主任的工作职责规定各有不同,根据具体实践和相关文件,笔者认为班主任工作职责应包括以下几个方面:

一是思想政治教育工作与学生党建。教育学生坚持党的基本路线和基本经验,认真学习相关理论知识并将其运用至实践中。班主任要协助党组织做好学生党建工作,引导和鼓励先进的、优秀的学生积极向党组织靠拢。

二是班集体建设。班主任要组建精干的班(团)干部队伍,抓好学风和班风建设,结合专业特点,积极组织班集体活动,提高班集体的凝聚力,定期组织召开主题班会。

三是心理健康教育。班主任应全面了解班级每个学生的性格、特点,可以建立班级学生性格档案卡,并进行动态跟踪。对心理存在问题的学生给予更多关注和关心,帮助其克服心理弱点,提高其心理素质,努力防止出现一些因心理问题而引发的恶性事故,促进大学生健康成长。

四是职业生涯规划。在全面了解学生的基础上,帮助学生树立积极向上的职业目标,确定未来职业发展方向,找出职业发展的薄弱环节,帮助学生提高认识,努力实践,实现职业生涯规划。

五是日常安全教育。包括学生生命财产安全、宿舍安全、交通安全、节假日返乡安全、出游安全等,提高学生安全防范意识。

三、提升高校班主任队伍育人水平

高校班主任工作需要有相关的理论支撑与实践工作经验积累,当前部分高校的专业教师在担任班主任时,缺少学生工作经历与思想政治教育工作经验,对学校工作的整体把握存在欠缺。另外,在政治理论素质、思想道德素质、心理素质和基本业务能力等方面存在短板,一定程度上制约了班主任工作的推进,无法充分满足学生的需求。在职业规划与心理健康教育等方面,专业教师了解较少,不能与辅导员形成有效互补,削弱了班主任岗位的专业度。上述种种原因导致班主任工作难以深入,队伍育人水平参差不齐。

在信息时代做好教师,需要教师掌握的知识必须大大超过要教给学生的范围,既"授人以鱼,又授人以渔"。班主任对学生的教育主要包括专业知识指导和思想政治教育,在一定情况下还包括心理辅导、生活关怀等,这就要求班主任要包装教育内容,使其体现出"新"气象。

一是要坚持主导性与时代性的结合。在对学生进行教育和管理的过程中,社会主义核心价值观是班主任的主要遵循,是教育的主导性内容,贯穿于班主任施教的全过程。高校班主任要学习习近平总书记关于教育的论述,做到"六个下功夫",即"在坚定理想信念上下功夫、在厚植爱国主义情怀上下功夫、在加强品德修养上下功夫、在增长见识上下功夫、在培养奋斗精神上下功夫、在增强综合素质上下功夫"。同时,面对纷繁复杂的时代变迁,在坚持社会主义核心价值观主导地位不变的前提下,根据时事变化,准确定位社会发展,抓住热点,大胆植入时代符号,提高学生的政治敏感度。

二是要坚持针对性和创造性的结合。由于每个学生的成长和生活环境不同,在大学中遇到的情况也是不同的,班主任面对不同学生的不同情况,要求其教育内容要有针对性,只有了解学生的真实需求,才能对症下药,只有当教育内容与学生的真正需求相一致时,才会激发学生的学习动机,提升教育实效,因此班主任需要准确了解班级学生的需要,并且要善于发现问题。有些学生习惯隐藏自身的问题不想暴露,这时候就需要班主任有敏锐的洞察力,要坚持具体问题具体分析,针对不同学生的不同问题及时地帮助解决。同时,还要善于发现每位学生的优点,帮助学生激发潜能,让所有学生都成长为有用之才。教育内容的创造性体现在要突破传统思维、突破书本知识的局限,当代大学生的思维比较活跃,教育内容要不断创新,杜绝一成不变,在创新中吸引学生的眼球,提高学生的兴趣,提升队伍育人水平。

第三节　高校班主任日常管理工作

班级是高校教育和管理大学生的基本单位,也是大学生开展自我教育、自我管理、自我服务的主要平台,提高高校班级的管理效果,加强高校班级建设工作,有利于为大学生成长成才提供良好的环境,促进大学生德、智、体、美、劳全面发展。

班主任作为高校班级管理和班级建设的主要责任人,主要作用就是对班级进行管理,需要对班级内学生的思想、学习、生活和身心健康等各方面负责,对高校班级管理和建设成功与否具有至关重要的影响。因此,高校班主任应重视班级日常管理与建设,采取切实有效的工作路径,最大限度地提升班级管理和建设的成效和质量,引导大学生树立正确的思想观念、学习专业知识、提升科研和创新能力,从而落实立德树人根本任务。

一、班级思想引领

开展大学生思想政治教育工作迫切且重要。《关于进一步加强和改进大学生思想政治教育的意见》指出,当代大学生思想政治状况的主流是积极、健康、向上的。但随着国际国内形势的深刻变化,一些大学生不同程度地存在政治信仰迷茫、理想信念模糊、价值取向扭曲、诚信意识淡薄、社会责任感缺乏、艰苦奋斗精神淡化、团结协作观念较差、心理素质欠佳等问题。因此,加强和改进大学生思想政治教育工作紧迫而重要。

青年一代是祖国的未来,肩负着建设国家的使命和重担,他们思想活跃、个性张扬,喜欢标新立异,对社会热点的关注热情和兴趣较高,但社会阅历较浅,对社会热点缺乏全面的、深入细致的思考,容易受到外界影响。因此,对大学生的思想政治教育贯穿于他们在校期间学习生活的始终,班主任应采取多种方式加强对学生的思想引领。

每一个时代的人都具有不同的特点,面对当代大学生纷繁复杂的思想、性格、心理,班主任对于班级的思想引领工作尤为重要。班主任应当从新生入学开始,认真做好学生基本情况的调查工作,并通过调查表和谈心方式了解学生的思想状态和奋斗目标,可通过引用成功人士求学成才、奋斗创业的经历和学生中积极向上的典型事例,引导全体学生树立远大的理想,激励学生向更高层次的目标迈进。

班主任作为思想政治教育队伍的骨干力量以及重要组成部分,站在离学生最近的位置,理应为大学生思想政治工作做出贡献。大学不仅要使得学生成才,更要使其成人,班主任是学生成人成才的中坚力量,高校的思想政治工作迫切需要班主任的投入。在开展思想工作时,要做到以下几点:

一是坚持以身作则。班主任平时应注意自身的言行举止,只有具备坚定的信念和信仰,才能够深刻意识到思想政治教育工作的重要性和必要性,进而将其更好地应用于日常管理工作中。

二是丰富教育形式。一方面,班主任主题班会是高校班主任开展工作的有效载体,可通过定期组织主题班会与团日活动,在主题班会上集中开展思想政治理论和形势政策教育,对学生进行思想教育和指导,提高班集体的凝聚力和向心力,促进学生健康成长成才。同时,通过积极指导学生参与思想教育相关的主题比赛、社会实践活动等,帮助学生树立理想信念,将理论与实践相融合。另一方面,应充分利用QQ、微信等线上平台,通过学生感兴趣的形式,加强网络思想政治教育。

三是加强针对性的教育引导。班主任要与学生经常进行多方位、面对面的交流,与学生谈心谈话是班主任开展工作的基本形式,通过谈心谈话,可以交流情感,加强彼此之间的了解,准确地掌握和了解学生情况,及时有效地发现学生中存在的实际问题,并帮助他们解决问题。班主任每学期应与每个学生进行谈心谈话活动,了解学生的所思、所想,了解学生在做什么,了解学生的思想动态和生活行为习惯,针对其在生活和学习中遇到的问题和困难,提出相应的解决措施。在过程中与学生建立良好的信任关系,并针对不同学生的特点,有意识地了解和提升学生的思想认识和精神境界。

二、班级建设

高校班级建设工作是紧密结合国家、社会、高校及学生等各方面的特点和要求,以促进大学生的培养和成才为目标的班级塑造与管理工作。班级建设核心目标应当是一个班级在建设过程中需要达成的最重要的任务,目标是行为的先导,只有确定核心目标,班级成员才能有共同的努力方向,班级建设才能够逐步推进。虽然一个班级从组建到解散只会经历4～5年的时间,但是在这有限的时间中形成的班级凝聚力不仅会影响班级成员在校期间的成长,还会影响班级成员毕业后的发展。良好的班级凝聚力能够让学生增强集体意识,形成团结合作、勇于担当、甘于奉献等优良品质,因此班主任应该注重引导班级成员共同努力,提升班级凝聚力。

"没有规矩,不成方圆。"从一定意义上说,人是制度的产物。在制度方面,在督促学生遵守学校和院系各项规章制度的前提下,班主任还应当根据本班学生的情况,针对具体的问题制定出台有班级特色的相应具体的制度规定。在制度的实施过程中,班主任应当对班级制度规定的实际执行情况进行不定期的检查监督,及时指出问题和不足之处,促进班级优良风气的形成。

建设有凝聚力的班级,还包括以下几个方面:

一是要建设好班干队伍。班主任应当在新生入学以后,注意发现思想积极、态度端正、学业优良、吃苦耐劳和有号召力、奉献精神的学生并可列为班干部人选。班干部是班主任开展班级管理建设的重要帮手,指导他们开展班级管理工作,有意识地对这些学生进行考察、锻炼和培养,并使优秀学生通过民主选举脱颖而出,最终形成班委会和团支部的核心。只有在班级中形成一支坚强、务实、进取和有凝聚力的学生干部队伍,才能确保整个班级工作全面、扎实和有效的进行。要定期召开班干部会议,阶段性总结班级建设情况,讨论下一步班级建设方向。

二是要举办好班级团建活动。班级凝聚力的形成必不可少的是班级成员通过广泛、频繁的接触形成的熟悉感,而这些依托于班级团建活动的举办。大学生进入校园后,除了归属于班级这一正式组织,还会主动加入各种各样的兴趣社团,由于时间和精力有限,当班级活动和社团活动发生冲突只能二选一时,活动的形式和吸引力会影响大学生的选择。因此要想充分发挥班级团建活动的作用,班主任必须提前了解学生的喜好,精心策划班级团建活动。

三是要培育集体荣誉感。班级作为一种集体组织,班主任要引导学生自觉树立班级主人翁意识,组织班级成员主动以班级为单位参与先进班集体评选等有关集体荣誉的活动,让学生意识到作为集体中的一员的重要性和责任感,增强对班级的热爱和对集体荣誉的珍惜。

三、班级学习指导

班主任应以专业优势指导学生学业,进一步发挥其在学业指导和学风建设中的作用。辅导员缺乏硬性要求的专业背景,他们的专业很可能与所带学生专业毫无关联,在学业上并不能给予直接的指导。相反,部分班主任因其高学历、高职称以及扎实的专业背景,对学生的专业学习有着非常权威的指导作用。他们可以利用多年的学习研究中获取的宝贵经验,在学习方法、选课设计、考研就业等方面为学生提供专业的指导。在管理过程中,他们也在同时加强自身的专业修养。这样,从专业教学到思想教育,班主任可以对学生进行全方位、多层面的学业指导,切实帮助每一位学生学有所成,圆满完成大学学业,顺利踏入社会,成为有用之才。具体可以从以下三个方面展开指导：

一是建立班级学习兴趣小组。班主任应引导学生把学习放在第一位，定期开展学习经验交流，在班级中通过建立班级学习兴趣小组，促进学生向学、爱学、乐学，养成良好的学习氛围，使得学生在学习上形成互相帮助、你追我赶、不甘示弱和奋勇争先的积极态势。为了提升同学们的综合素质，鼓励大家积极申报大学生创新创业项目和参加学生课外学术科技作品竞赛，还可以根据自己的兴趣爱好参加一些活动，如书香校园、科技竞赛等，激发学生学习的主观能动性。

二是严抓学习纪律。班主任每学期开始可以与主要任课老师取得联系，沟通学生学习情况，尤其关注特殊群体学生的课堂表现、作业情况，以及迟到、旷课情况，发现问题后及时电话谈心或直接面谈，针对个别纪律观念比较淡薄的学生，安排班委成员重点接触、帮助和监督。组织学习成绩优秀的学生开展"寝室小课堂"活动，期末考试前一个月制定集体晚自习制度等措施，都有助于促进班级优良学风、班风的形成，尤其对"学困生"的帮助与推动，能产生积极的效果。

三是引导学生建立职业规划。"凡事预则立不预则废。"在大学新生见面的第一堂课上，班主任可向学生说明大学自我督促式的学习和生活特点，分析大学与高中学习方面的不同，帮助学生转变学习方法，学会管理和经营自己，提高适应大学生活的能力。帮助学生初步明确自己在大学中的目标和规划，并分步实现：首先有一个大的目标和规划，然后将该目标和规划分解为几个阶段完成，最后再制定具有可实施性的具体清晰的阶段性目标和规划。鼓励学生考研或参加西部计划等，并强调提前准备的重要性，树立目标意识。对于就业意向学生，不定期举办专业前景讲座，带领学生参加行业相关会议，使其了解行业发展动态。班主任也可联系对口企业来校举办讲座，利用校企合作进行实习，让学生把所学与所用联系起来，做好就业选择及准备工作。

四、班级日常工作

班级管理与建设的根本目标是促进大学生的培养和成才，班主任在重视班级整体建设的同时，也要处理好班级日常工作。一个班级的整体精神风貌和凝聚力在很大程度上取决于班主任工作水平的高低，一名合格的班主任对于提高班级学生的综合素质和培养学生的学习能力发挥着十分重要的作用。

在班级日常工作中要明确大学生自我管理的重要性。自我管理的主要内容包括时间管理、目标管理、消费管理、社会交往管理。班主任可从这四项内容入手，培养大学生自我管理能力，引导自我管理行为，使学生在日常的生活磨练中习得良好的行为习惯，合理安排时间，平衡学习与课余活动的时间分配；设立各阶段的学习目标、人生目标,有目的、有计划地完成各阶段的学习任务;追求物质享受的同时,学会控制自己的欲望,理性消费,役物而不役于物等。引导学生要有效协调学习生活中的各个要素,养成符合社会期望、满足社会需要的综合素质,顺利走入社会。

要想把高校班主任日常工作做得出彩,应具备强烈的责任心和敬业精神,应有对教育事业的热爱之情和对学生的关爱之心。班主任岗位虽然平凡,但在高校的教育工作中有着不容忽视的作用,高校班主任需要不断提高自我,改进工作方法,引导和帮助学生,为学生的健康成长和顺利成才做出应有的贡献。

高校班主任日常工作主要包括以下几方面:

一是参与班级评优评优、资助等工作。高校班主任要积极指导班级学生开展此类工作,坚持公平公正的原则,在过程中教会学生正确认识荣誉与物质奖励,学会谦让,懂得感恩。在班级树立各类榜样标兵,例如,学习达人、自强达人、公益达人等,营造健康向上、积极奋进的班级文化,不仅可以对班级成员的思想和行为产生潜移默化的影响,还能教会学生做人做事的正确态度。

二是班主任要密切关注学生的宿舍关系。班主任应及时发现宿舍矛盾,在宿舍发生矛盾时及时介入,根据矛盾起因类型、严重程度采取合理的解决办法。宿舍关系是大学生人际关系中的重要组成部分,宿舍关系的好坏会对学生的身心健康产生重要影响。帮助学生增强宿舍集体意识,学会换位思考,理解和包容他人,通过沟通解决问题。同时,重视对宿舍长的培养,发挥宿舍长带头作用,引导学生打造合理有序的宿舍生活。

三是帮扶班级中存在心理问题的学生。拥有理性平和、积极向上的健康心态是大学生健康成长的必备因素。近年来,受到家庭环境、学习压力、人际关系处理不当等因素的影响,大学生出现各种心理问题的案例屡见不鲜。因此,班主任需密切关注学生心理,在日常工作中和学生分享心理健康知识,引导学生关注心理健康。班主任可以建立班级学生心理健康档案,定期进行一对一的沟通和交流,尤其要关注特殊学生,包括家庭经济困难、患有疾病或者性格非常内向的学生,密切关注学生的心理状态,发挥班级朋辈群体的助人互助作用,共同关注班级学生的心理状况,出现问题时及时发现和介入。

第四章　高校班主任工作方法

　　班级是高校对大学生开展思想政治教育的基本单位,《中共中央国务院关于进一步加强和改进大学生思想政治教育的意见》指出:"班级是大学生的基本组织形式,是大学生自我教育、自我管理、自我服务的主要组织载体。"做好班级学生的思想政治教育工作是高校全面加强和改进大学生思想政治教育的重要举措。

　　高校班主任是大学生思想政治教育的骨干力量,是班级教育、管理和建设的直接指导者、管理者和实施者,班主任的行为规范准则、思想政治素养、工作方式方法以及班级建设的好坏,都将直接影响学生的成长与发展。尤其是高校班主任在对班级开展思想政治教育过程中,如果工作方法不当,不仅会影响班级学生,也会影响班主任自己职业发展。为此,高校班主任必须要了解和掌握新时期高校思想政治教育工作的情况,提升自身的思想素质、业务水平,加强爱岗敬业奉献精神。

　　《教育部关于加强高等学校辅导员班主任队伍建设的意见》指出,班主任是高等学校教师队伍的重要组成部分,是高等学校从事德育工作、开展大学生思想政治教育的骨干力量,是大学生健康成长的指导者和引路人。

　　《中共中央国务院关于进一步加强和改进大学生思想政治教育的意见》指出,班主任是大学生思想政治教育的骨干力量,是高校思想政治教育工作队伍的主要组成部分,班主任负有在思想、学习、生活和心理等方面指导学生的责任。

　　上述文件明确了高校班主任的角色定位和分工,为高校班主任干什么、要怎么干指明了方向。高校班主任和辅导员都是高等学校教师队伍的重要组成部分,都具有教书育人教师职业的属性,相比其他普通教师而言,两者要从事高校德育工作,对大学生开展日常思想政治教育,帮助大学生健康成长。

　　通过中国知网检索以"高校班主任"为主题的有效文献发现,现已有约1377篇文章对高校班主任进行了研究,以"高校班主任工作"为主题的有效文献有377篇,主要研究的内容范畴有:第一,对高校班主任工作的经验分享总结和对现状的研究;第二,对高校班主任新的工作理念方式方法或者传统、跨领域的实践融合和探索;第三,以高校办学特色或者学生专业特点进行高校班主任工作特定范围的研究和讨论。所以,在对高校班主任工作具体用思想政治教育法或者管理学校、教育学、心理学方面的研究不多。

综上所述,不难发现,目前高校班主任的工作还处于传统的教育经验型领域,对高校班主任的定位和工作方法缺乏科学、系统的认知。这里,我们主要介绍的是高校班主任工作过程管理法、目标管理法以及过程和目标并重管理法三个方面的内容。

第一节 高校班主任工作过程管理法

一、内容和含义

所谓过程管理,是指使用一组实践方法、技术和工具来策划、控制和改进过程的效果、效率和适应性,这包括过程策划、过程实施、过程监测(检查)和过程改进(处置)四个部分,即PDCA(plan-do-check-act)循环,又称戴明循环,是质量管理大师戴明在休哈特统计过程控制思想基础上提出的。过程管理是将复杂的问题分解为若干个简单的问题加以解决,避免管理中断,促使环节关联互动,保证整体管理效果大于环节累加效果,积小胜为大胜,过程管理是对管理的"管理",是确保总目标的实现的管理。[①]

高校大学生思想政治教育过程管理,说的就是对高校思想政治教育中一系列的教育规划、实施计划、具体内容、目的要求等各阶段、各环节进行系统设计、全面实施、具体落实、科学管理。[②]高校教学过程管理是指教学管理者依据教学管理目标,按照教学特点和教学管理规律,在教学管理原则的指导下,选择和采用切合教学实际的教学管理方法,对教学工作进行管理的活动管理。[③]

高校班主任在班级建设管理工作中,是具体工作的主体,管理的结果最终追求的是奋斗目标,工作的实际对象是所带的班级学生,工作的内容主要包括思想政治教育、党团和班级建设、学业指导、事务管理、心理健康教育等,而管理班级的实质就是管理整个班级教育教学活动的全过程,是"三全育人"的关键环节。高校班主任工作过程管理法,是基于管理学并融入了思想政治教育学和教育学等相关专业的综合方法,与上述过程管理方法存有共性,但也有所区分,只有了解两者的不同,班主任才能明确自己的工作定位和角色任务。因此,班主任必须要从班级管理工作中,提升对班主任工作过程管理认识,掌握工作的方法。

---

① 刘威,宫凯.加强过程管理全面提高学生培养质量[J].北京教育·高教,2009(12):48-50.
② 曾东.国际化背景下高校思想政治教育过程管理的理论思考[J].前沿,2012(2):179-181.
③ 邹敏.高校教育过程管理[J].广西大学学报(哲学与社会科学版),2001,23(6):14-17.

高校班主任工作是做大学生思想政治教育工作的内容和范畴，是以班级为单位，既要对班级学生进行一对一、点对点有针对性的教育管理，又要强化对班集体的建设和管理。因为班集体是由一群年龄相仿、文化程度一致、专业学科相同，但地域各异、性格迥异、背景不同的大学生所组成的集体，班主任工作管理的主体是整个班委，这就要求工作既有思想引领，又要做具体的班级队伍建设、文化建设、学风建设等。

二、理念和特点

马克思强调，"人的本质并不是单个人所固有的抽象物。在其现实性上，它是一切社会关系的总和""人的本质是人的真正的社会联系"。大学生不是企业生产中的机器设备，其本身具有很强的能动性。全面质量管理理念的研究认为，造成产品质量问题的原因是操作者素质不高、责任心不强，不按照规章和流程操作。虽然高校学生事务管理工作与企业生产具有不同的特点，但质量意识与敬业精神仍然是决定工作质量的基本因素，学生事务管理工作相比机器生产更需要教师的爱心、耐心、细心和责任心。因此，班主任在开展过程管理当中需要树立"以学生为本"的管理理念，践行到学生事务管理的点滴工作中，树立一切为了学生、为了学生的一切、为了每个学生的思想。

此外，班主任工作是高校基层管理的重要工作之一，班主任开展工作就是学生事务性工作各环节和过程的组合。从大学生的入学教育，大学期间的学习、生活等多方面教育到学生的离校教育，每一个过程都有相应的实施目的和标准，其中就包括目标和计划的制定、实施、监控、反馈等各个环节。传统的学生事务管理工作往往忽视了对过程的管理，其弊端显而易见。高校班主任学生事务管理工作是育人的工作，一项工作的失误可能会对大学生个体造成无法挽回的后果，严重的甚至影响其人生发展。班主任在开展学生事务管理工作时，一定要将"预防"立于学生工作之初始，将"过程控制"立于教育管理的全过程，力争使学生事务管理做到规范、有序。

第一，高校班主任工作过程管理具有整体性的特点。高校班主任工作是由上述各环节和教育要素统一构成的，它们之间互相管理、相互共存、彼此制约，为实现班级教育管理共同目标发挥了重要作用，它的整体性主要表现在过程管理和管理对象的整体性。中共中央、国务院印发的《关于加强和改进新形势下高校思想政治工作的意见》指出，高校要把立德树人作为根本任务，融入思想道德教育、文化知识教育、社会实践教育各环节，把思想政治工作贯穿教育教学全过程，把思想价值引领贯穿教育教学全过程和各环节，形成教书育人、科研育人、实践育人、管理育人、服务育人、文化育人、组织育人长效机制。高校班主任工作要注重班集体大学生"全方位"的管理内容和范畴,要组织和协调高校"全员化"的育人格局来"全过程"的管理班级工作,因为多层次、多环节、多任务、多角度、多维度的班级工作客观地决定了高校班主任工作要进行过程管理的必然道路。

第二,高校班主任工作过程管理具有动态性的特点。首先,高校班级是一个发展的基层组织单位,从学生队伍的角度来看,班级学生存在专业分流、转换专业、降级和班委定期换届的情况;从学生学习生活规律的角度来看,班级学生存在成绩的两极分化、思想动态变化、心理异常、生活突发状况等现象;从学生职业生涯规划的角度来看,它包括学生大学期间的学习规划、职业规划,职业生涯规划有无与好坏直接影响学生大学期间的学习生活质量,更直接影响学生求职就业甚至未来职业生涯的成败。所以,班级学生同样会存在年度阶段性的目标、矛盾、任务的有序发展和无序变化等问题。其次,班集体作为高校最基层组织的一个基本单元,高校班主任、班集体的建设不仅涵盖在高校大思政格局范围当中,也涵盖在高校人才培养方案和教育的大环境当中,因此,随着社会的快速发展和高等学校的教育教学改革的进行,班集体的过程管理工作也是不断变化的。很多高校班主任会被突如其来的工作安排扰乱计划,对一些动态的问题惊慌失措、措手不及,究其产生的原因症结就是班主任作为管理者和建设者缺乏对工作动态性的特点认识,无法正确和及时地把握动态规律,导致预期的心理准备不足,从而无法实现管理的最终目标。为此,高校要进一步加强班主任队伍建设,科学有效地指导班主任进行班级管理与建设,指导班级学生充分认识过程管理法的积极作用,从而促使高校班主任高度重视这些因素,深入考虑班级管理的一系列工作特点,运用过程管理法,进行科学的分类、分层、分段、分块的全面管理和统筹。

第三,高校班主任工作过程管理具有规律性的特点。虽然高校班主任工作涉及面广,过程管理呈动态性,但高校班主任工作过程管理仍具有规律性的特点。高校班主任工作过程管理中,过程是根据一定规律特性进行的过程化分类,从所带班级学生入学到毕业离校的每个阶段,班集体是有共同愿景和奋斗目标的,不同阶段的大学生都有不同的思想特点、学习特点、生活特点和心理特点,每个阶段都会制定人才培养方案、教学计划,这些规律和经验在知网收录的论文研究中比较多,在相关网络资料、培训手册也都有总结和归纳。高校班主任在经班主任队伍建设的岗前培训和专题培训后可基本掌握工作的规律和方法,所在班级的班委和班干也会定期接受学校和学院的两级团校的相关培训。同时,学校或学院会根据具体情况,选聘一批政治强、业务精、纪律严、学习好的学生担任班主任助理,共同参与协助管理班级。高校班主任在实施过程管理中可以有效发挥这些学生干部、优秀学生代表的朋辈作用,结合已有的规律共同研究和讨论研判班级建设与管理工作。

三、方法和应用

(一) 以目标导向为原则,建立共同愿景

班级愿景是在汇集、统筹和超越班级成员个人愿景的基础之上,由班级成员共同认同并真心渴求的关于班级和个人未来理想状态的意向或景象。[①]愿景是班级的共同目标和愿望、向往,班级愿景具有强大的精神感召力和导向作用,正确的引导和树立班集体的共同愿景是增强班级凝聚力、战斗力,强化班级管理的重要举措。

首先,高校班主任在实施过程管理法中应充分发挥好班级愿景的作用和功能,但班级愿景的构建应当要结合班级建设的规律,避免目标因设立过高、脱离实际或平平淡淡等问题而产生的消极负面作用。其次,班级共同愿景既要满足绝大多数学生的愿望,又要迎合班级同学的个人目标,要将制定的相关愿景目标形象化、可视化、可及化,使其从概念、抽象到具体、可见,起到警示、提示和感召的积极作用。

(二) 构建过程管理机制,实施科学管控

高校班主任过程管理法需要依托国家政策和学校的相关的管理机制,要以问题和目标为导向通过构建机制的过程,从解决实际问题、分阶段谋划工作、应对突发问题、整合各类资源等方面,把班主任工作过程需求、难点都融入当中,通过机制的完善和健全增强高校班主任对工作的认识、把控,提升高校班主任过程管理的能力,构建完善科学的班主任过程管理机制,从而更好地发挥班级成员的能动性。

高校班主任过程管理机制不需要繁多,但应更有效、有作用,能解决班级建设和学生的实际问题,不给高校班主任增添额外的工作量,更不能制约班主任工作的正常开展。

首先,要构建高校班主任过程管理的目标考核机制。要树立班级共同奋斗的目标,不仅仅是班级学生,还包括班主任个人,要实现教育者和受教育者同成长,同时要对其考核奖励和惩罚、激励;要通过目标机制和考核机制促进高校班主任工作的最大化育人力量保障和落实。其次,要构建高校班主任过程管理的日常沟通反馈机制。在实施过程管理中要强化过程管理的反馈和沟通,结合班级团支部"三会两制一课、主题班会、团员评议和对标定级",结合班级先进集体等班级具体工作,及时调整和调控,以适应班主任工作动态管理的特性。

---

① 戴晓霞,莫家豪,谢安邦.高等教育市场化[M].北京:北京大学出版社,2005.

（三）明确工作角色定位，强化管理能力

高校班主任的从业教育背景不一，有些班主任可能是兼顾教师、管理干部、科研人员等工作，他们的日常工作会占据高校班主任工作时间，因此很容易用非班主任角色和思维对班级进行管理，发生偏差。为此，高校和学院要多层次组织班主任进行培训、交流、座谈，强化班主任的职业认识，提升班主任工作的幸福感，加强对班主任工作和班级建设的重视度。

一是要明确班主任班级的管理工作。班主任过程管理要围绕班主任对大学生的生活过程管理、思想成长过程管理，围绕班集体发展过程，明确班主任是班级管理的主体和主要责任者。

二是要明确班主任班级的学业指导。要引导班级学生做好专业认知、学业规划、创业指导、考研咨询、以及就业指导，并积极提升相关工作素养和能力。

三是要明确班主任管理班级的能力提升。要积极迎合时代变化和学生发展变化，积极借用新媒体、大数据等工具开展过程管理，做到过程管理的规划化、留档留痕。

第二节　高校班主任工作目标管理法

一、内容和含义

目标管理理论最早由美国著名管理学家彼得·杜拉克提出，他认为：一个企业的任务，一定要转化为一个总目标，企业的管理阶层通过和下级的沟通把总目标分解成子目标，并通过这些目标对下级进行管理，最后使总目标得以实现的一种管理方法。目标管理法的主要特点就是通过目标对员工进行管理、监督和考核，重在员工自我参与和自我控制。[①]

在现代管理方法中，目标管理法被广泛应用并取得了明显的成效，应用到高校班主任工作，有助于树立班级的共同愿景，有助于明确班级的奋斗方向，有助于提升班级的管理成效。有了明确目标，才能使人们的行动和高校思想政治教育工作各方面力量聚集起来，才能保证高校思想政治教育工作有条不紊地进行，以期达到

---

① 陈维民.目标管理法视域下的大学生职业生涯规划教育探索[J].创新创业理论研究与实践,2018(6):96-97.

预想的结果。①目前,高校班主任工作应用目标管理法主要是用于在高校班主任工作的考核和对班级管理工作的考核。

二、理念和特点

目标有具体性、参与性、反馈性、适度性等主要特点,目标管理法是以结果为导向,考评的重点是班主任工作的成效结果。高校班主任工作的成效有显性和隐性双向指标,显性方面是可参考、可评价的,如班集体学术科研、学科竞赛、创新创业、四级六级英语、奖学金比例、考研比例以及先进班集体、团支部、宿舍等集体等各类评奖评优指标。隐性层面有学生入团入党、精神风貌、公益服务、道德品质和思想建设的相关情况,也包括班级的凝聚力、向心力,对班主任工作的满意度以及班级学生的幸福感考核。

显性和隐性目标的工作成效并非割裂开来,而是可以兼得。要做到显性和隐性目标相结合、同步发展、互融互通,只有同步发展才能确保班主任工作有内涵式发展和持续动力。

从高校班主任工作目标管理法的实践发现,高校班主任容易出现重形式轻内容、重数量轻质量、重结果轻过程等问题,这些问题的出现也刚好反映出高校班主任对目标管理法的认识还不够,有偏差和误区,或者因为教学科研等日常工作任务重,从而在执行层面出现了轻落实、打折扣等问题。

目标管理法通常要重成效,重视班主任的教育、培训、选拔、考核、监督,突出激励的作用;要显量化,有利于执行落实;要善区分,提升工作效果。另外,底层目标的确立要能促进总体目标的实现,考核的主客体应针对目标的设计达成共识,目标结果应保证能被及时反馈和充分应用。

三、方法和应用

目标的制定是由班主任会同辅导员、班级班委、团支部,根据学校和学院总体的人才培养目标制定的,这个目标必须是班主任在管理班级的同时实现育人的最终目标。由于高校班主任所带的学生在专业年级、学生的学习生活目标愿景、人才培养目标等方面存在差异,决定了各个班级目标既需要统一又需要体现多元化。

目标的多元和差异是客观和现实的,这就要求高校班主任要通过目标管理法,即一种管理的方法和原则来全程跟踪指导多元的班主任工作。班主任需要了解所带年级、专业、生源等针对性目标的管理方法,更需要掌握的是目标管理法的原则、

---

① 黄建军. 高校思想政治教育课程评价的目标对照方法[J]. 思想教育研究,2008(1):69-72.

理念,从而能够轻松驾驭和应用到班主任的相关工作。

目标管理法常见的做法是递增法,也就是根据上一阶段目标制定更高的目标;用分解法把重点目标、难点目标、总体目标逐步、逐层、逐个分解,化整为零;用平均法把目标平均分摊到班主任、班委、班干等不同人群身上;等等。高校班主任工作目标管理法是针对班主任、班集体、个人的多重考核,目标管理法对于应用、统筹班主任工作有很多有益帮助,但是其也有一定的弊端和弱点,例如,目标难以确定,被动态和不确定因素的羁绊和牵制;目标不灵活,因为前期的计划和设定不宜后续目标的修改和灵活变动;目标现实和短期效应,为了达到和追求目标容易出现唯目标而目标。

高校班主任要着眼差异性目标管理应用价值,对班级学生的日常行为形成个体性引导,要以心理目标管理为作用性体现,突出针对性心理目标导向对个体的作用性,还要结合微观和宏观目标管理指向性不同。

第三节 高校班主任工作过程与目标并重管理法

一、原则

(一)班主任要掌握班主任工作过程和目标两者的权重

目标的实现就是一个过程,目标管理是过程管理的最终意义是过程管理的目的和归宿,是规范和指导过程管理的根本原则和旗帜。组织目标既是管理工作的出发点,又是管理工作的最终归宿,贯穿于管理过程的始终。为此,高校班主任要充分认识并且要掌握并重管理法,将目标管理法的原则通过过程管理法进行应用和完成,两者并重能取长补短,能使班主任工作得到进一步提升。

在实施并重管理法过程中,总体目标的设立是基础。高校班主任要结合目标设定法,依托目标为主轴开展过程管理工作,两者的结合需要注意的是主次原则,即在具体工作中会面临各种选择,那么遇到具体事情究竟要以目标导向还是过程导向为主导呢?虽然是并重,但是要在对具体工作进行定性分析后,才能是依据主次原则开展,还是平等逻辑关系同步推进。

目标管理和过程管理是相辅相成的,目标管理强调和突出目标,过程强调和重视实效,在应用过程中一定要建立良好的运行机制,充分动员教育者的集体力量。班主任要把控好全局和关键节点,在班主任工作中不仅要提升自己,更要"立德树人"。

（二）班主任要掌握班主任工作过程和目标两者的融合

过程和目标管理法不能割裂和分割，两者需要兼顾，更要深度融合，而非单独的使用或者简单的兼顾。班主任要将两者润物无声融合在一起，要将两者工作方法的原则融合，遵循两者工作方法的共同规律。

一般来说，班主任工作过程与目标并重管理法相比单一的上述两种方法层次更高，难度也自然而然相对会高，但面对日益多元复杂的工作以及时代计划，当前大学生对班级工作、对班主任工作的要求和建设也是日益增加，班主任工作过程与目标并重管理法是随着时代需求、学生需求和工作需求发展而发展的，是高等教育的必由之路，高校班主任必须要逐步、逐渐地去适应、去尝试，对于班主任工作过程与目标并重管理法并非一蹴而就，也并非遥不可及。这里需要注意的是，班主任工作过程与目标并重管理法不仅仅是班主任个人，还包括班级的班委都是要共同去掌握了解的，这样才能发挥班主任工作过程与目标并重管理法的叠加作用。

二、路径

目标管理能否成功，取决于过程管理是否有效；过程管理的有效性又依赖于目标定位的恰当、明晰。两者互为表里，缺一不可。目标管理是过程管理的最终意义所在。班级确定的目标是否清晰，该目标是否符合既有一定高度同时也切合实际的要求，决定了过程管理能否最终实现目标。过程管理是对目标管理能有效实现目标或逼近目标的强力之举，不能等同于繁琐的事务性操作。这些举措的要义集中体现于检查、评价、整改三大环节上。对这三大环节似抓非抓、抓而不紧或难以持恒，都将因流于形式而使过程管理失效，进而使目标管理虚空。①

一是要将思想政治教育与过程和目标管理的方法相结合。班主任在运用过程和目标并重管理法的同时，要注意平衡两者的关系，要积极运用思想政治教育的方法开展课堂内外的思想政治教育，也要发挥管理活动有序作用，开展入学教育、毕业生教育及相关管理和服务工作。组织开展学生军事训练。组织评选各类奖学金、助学金。指导学生办理助学贷款。组织学生开展勤工俭学活动，做好对经济上有困难学生的帮扶工作。为学生提供生活指导，教育学生和谐相处、互帮互助。在目标的制定、实施、评价过程中，班主任要发挥强有力的指导、监督、考核作用，尽可能帮助班级学生解决实现目标过程中的各种问题。

二是要树立师生追逐目标的过程。作为班主任要努力成为"大先生"，遵守教

---
① 姚志华.试论目标管理和过程管理在高校辅导员工作中的应用[J]. 江南论坛, 2008(1): 54-56.

师职业道德,终身与学生健康成长同向同行,不能因过分强调成绩,而忽略了目标过程中的收获;要引导班级学生在过程中的成长与进步,注重锻炼班级学生坚强的思想品质,培养学生成为肩负历史使命,拥有前进信心,立大志、明大德、成大才、担大任,堪当民族复兴重任的时代新人。

三是要以人为本立德树人。党的十八大以来,习近平总书记围绕"培养社会主义建设者和接班人"做出一系列重要论述,深刻回答了"培养什么人、怎样培养人、为谁培养人"这一根本性问题。班主任作为班级建设目标的制定与指导者,在制定和实施并重法就要明确"培养什么学生、怎样培养学生、为谁培养学生"这个根本问题,牢记立德树人的育人宗旨,做到有教无类、因材施教、因人而异,努力培养担当民族复兴大任的时代新人,培养德、智、体、美、劳全面发展的社会主义建设者和接班人。

四是班主任要注重提高自身修养及职业道德能力,必须掌握具有从事思想政治教育工作相关学科的宽口径知识储备,掌握思想政治教育工作相关学科的基本原理和基础知识,掌握思想政治教育专业基本理论、知识和方法,掌握马克思主义中国化相关理论和知识,掌握大学生思想政治教育工作实务相关知识,掌握有关法律法规知识,提升解决班级学生的疑难问题的能力,同时促进学生工作队伍职业化、学生工作效果化水平。

三、建议

首先,高校班主任工作过程与目标并重管理法,是基于过程管理与目标管理但效果又"1+1>2"的工作方法,高校在过程与目标并重管理法上需要持续性的对班主任、班委进行培训,从而提升工作队伍共同的职业能力和素养。

其次,高校班主任运用工作过程与目标并重管理法时,还需要结合和吸收更多管理学、教育学、心理学、美学和思想政治教育学等不同学科的特点和优势,在时代发展和学生的需求中,要守正,更要创新。

最后,高校班主任开展工作过程与目标并重管理法时,还需要有人来管理和指导,党政领导、优秀班主任和辅导员在相关工作上经验丰富,班主任可以在他们的指导下开展工作。

第五章　高校班主任工作载体

高校班主任工作载体,是指高校班主任在高校教育工作中所运用的,能传承和传导教育教学的内容信息,并对大学生产生重要影响的一种外显形态。随着社会的不断发展,大学生的生活和学习方式发生了重大变化,当代大学生通过现代媒介获取有用信息的能力大大增强,使得高校班主任教育教学的手段和载体显得相对滞后,传统的高校班主任主导优势正在消解。

如何创设和拓展新的高校班主任工作载体对大学生进行社会主义的理想信念教育,从而在当前的意识形态斗争中始终抢占制高点,奏响主旋律,如何有效开发和整合现有高校班主任教育教学的载体资源,形成教育合力,都是摆在高校教育者面前的现实课题。

在新的历史条件下,高校班主任的教育教学工作载体中出现了一些新的创新方式,认真对其内容和作用进行研究,是探索高校班主任教育教学工作新途径的重要内容。

第一节　高校校园文化载体

当前,高校校园文化是意识形态领域的重要阵地,同时也是高校班主任工作的重要努力方向。高校校园文化载体,是指以物质和精神形式承载和传递校园文化的媒介体,是校园文化建设的方式途径的集合,用以提高新时代大学生思想道德素质。校园文化载体对于高校校园文化建设的有效性起着关键作用,是高校班主任进行思想政治教育的重要形式。

一、高校校园文化载体的表现形式

研究高校校园文化载体表现形式的划分,是更深一步理解和把握高校校园文化载体的研究思路。当前理论界对高校校园文化载体的划分普遍采用"四分法",

其划分主要包括校园精神文化、校园物质文化、校园制度文化和校园行为文化。其中,校园精神文化载体位于中心环节,校园物质文化提供物质运行基础,校园制度文化提供保障作用,校园行为文化提供重要参与度。这四者组成了高校校园文化的有机整体,共同服务于高校班主任教育工作。

(一) 校园精神文化载体

校园精神文化载体是一所高校办学理念、办学风格、优良传统和价值观念等的集中呈现,常常表现为校训、校风、学风等。校园精神文化载体潜移默化地影响着高校每位成员价值观与行为方式,高校班主任往往会在给大一新生介绍学校时优先提及本校校训,因为校训是对高校精神文化建设最凝练的体现,最能代表一个高校精神文化的发展前进方向,代表了学校对学生们的期望。而校风和学风是经过学校全体成员共同努力而逐步形成的整体价值取向、精神风貌和行为方式等诸方面的积极沉淀与综合呈现,体现为一种稳定而具有导向性的独特心理环境。校风和学风需要高校班主任在日常的学习和生活中,通过言传身教帮助学生们达到学校的要求,是需要通过长期的思政教育才能达到的效果。

(二) 校园物质文化载体

校园物质文化载体作为高校文化的物质有形组成部分,为其他校园文化活动提供了必要的物质基础。校园物质文化载体主要涉及物质设施与物质环境。其中前者包括教学科研设施、娱乐设施等,后者涉及地形地貌、植被园林等高校自然景观以及高校建筑、校园雕塑等高校人文景观。

在高校校园文化中,精神文化作为无形的存在,必须要以具体的物质形态作为存在才能被广大师生认知,而高校校园物质文化载体则是以可见的物质形态来直观地呈现校园精神文化风貌,是校园文化特别是精神文化的重要表现形式。校园物质文化载体承载着高校的历史记忆,伴随着高校一路走来,每一处校园自然景观和人文景观直观展现着高校校园文化特色,每一处纪念碑、每一处名人刻石处等,都是高校历史文化发展脉络的见证者。班主任往往是在学校工作多年的教师,他们为学生们介绍自己熟悉的校园环境,起到了校园文化传承的作用。

(三) 校园制度文化载体

美国学者道格拉斯·C.诺斯认为:"制度是由非正式约束(道德的约束、禁忌、习惯、传统和行为规则)和正式的法规(宪法、法令、产权)组成的。"校园制度文化载体包括正式制度、非正式制度以及价值判断体系等的学校组织架构。校园制度文化载体的主要内容涉及规章、条例、制度等方面,主要体现在教学管理制度、学生奖惩制度等方面。

在新时代，对高校的思想政治教育提出了更高的要求，不仅要严格执行正式制度，还要发挥非正式制度在高校思想政治教育中的独特作用。正式制度以各种有形的校纪、校规作为典型代表，通过硬性约束条件保障高校的底线运行，维持最基本的校园秩序。除此之外，还需要让非正式制度的无形性和广泛性得到展现，与正式制度一起提升校园制度文化载体的有效性。

高校班主任作为一线的教育工作者，要积极参与到各种校园制度文化载体的创设中，同时在非正式制度文化活动中也要积极和学生们沟通。在校园文化环境中引导教育对象树立正确的价值观念，从而逐渐形成适当的行为方式。

（四）校园行为文化载体

校园行为文化要素是在高校校园中逐渐形成，并通过日常师生行为活动表现出来的各主体心理、行为表现等文化要素的集合体。在校园中，高校教师、学生以及为师生服务的后勤人员是校园行为文化的主要发起者，以教师的科研教学任务行为和学生的学习、生活日常行为作为主要表现方式。从校园行为文化的内容研究，包括政治行为文化方式、学习行为文化方式、生活行为文化方式等；根据校园行为文化的利弊作用来区分，不仅包括积极向上的行为文化方式，还涉及消极的行为文化方式。

各种校园行为文化是否得到良好展示，是衡量一所高校学风、校风建设的重要考察依据，是展现师生思想道德素质的重要窗口。高校班主任作为老师教学授课日常和学生学习生活日常的重要连接点，在学生们的日常行为习惯与方式的良好养成上，承担着重要责任。高校班主任要在和学生们的日常相处中，积极引导学生们养成正确的日常行为习惯。

二、高校校园文化载体的特征

（一）主导性

高校作为密集学术交流的场所，其校园文化的传承会受到思维方式、办学理念和规章制度等方面的影响，这些文化载体因素都对校园价值观的形成起着至关重要的作用。新时代，受到社会上多元社会价值观念等方面的影响，高校校园文化载体形态也变得多样化、个性化。在这种情况下，新时代高校班主任要坚持用马克思主义作为指导，坚持社会主义核心价值观和价值体系作为支撑，采取多种途径，使师生的思想政治素质和思想道德行为规范朝着健康的方向发展。

（二）传导性

高校校园文化载体的传导性功能是指高校思想政治教育校园文化载体能传导思想政治教育内容信息，具有使思想政治教育内容信息输出与输入的导体功能。①高校班主任作为学校和同学们之间沟通与交流的重要桥梁，更应该坚持将思想政治教育要求的政治观点、行为方式和道德规范，通过高校校园文化载体进行推广和传播，更好地发挥高校校园文化载体传导性的特质。

（三）传承性

每所高校的校园文化载体都具有其特有的文化发展脉络和发展历程，是一个不断历史发展与积累的过程。在这种情况下，各高校的校园文化载体都表现出自己的精神文化追求，反映了全校师生共同的价值理念。通过一代又一代师生的不断接力，将本校的校园文化载体更好地传承下去，高校班主任在其中有着重要的传承指导作用。

（四）创新性

时代在发展，社会在进步，高校校园文化载体也必须彰显新时代的特点。当前，随着高校对大学生思想政治教育的要求不断提出，高校校园文化载体在继承和发扬优秀传统文化的基础上，也在不断地创新进步，只有这样才能革故鼎新，实现新的突破，推动高校持续健康发展。高校班主任要与时俱进地学习各种校园文化载体，跟上时代的步伐。

三、高校校园文化载体的作用

（一）指引正确的发展方向

积极向上的文化载体可以促使大学生形成正确的道德情操、思想观点、意识理念，消极落后的文化载体则会使大学生受一些不健康思想的影响，形成错误意识，导致行为偏差。因此，校园文化载体建设必须向着良好的方向发展，对大学生起着正面的引导作用。

党的十八大提出的社会主义核心价值观，充分体现了国家层面、制度层面、公民道德层面的价值取向，代表了最广大人民群众的普遍愿望和根本利益，为多元化思潮下凝聚思想共识指明了方向，这对高校校园文化建设的发展也是一个很好的

---

① 贺才乐.论思想政治教育载体的属性[J].学校党建与思想教育，2004(2):29.

指引,更好地指引高校校园文化载体和班主任综合能力发展。高校班主任要积极结合高校校园文化载体,为大学生的发展指引正确的方向。

(二) 抵制不良文化的影响

当今世界是个开放社会,各国不仅在经济、政治上来往密切,在文化上也相互渗透、相互影响。西方的不良思想,如拜金主义、享乐主义、极端个人主义等趁虚而入。受此影响,我国高校校园中曾一度出现了"追星热""麻将热""算命热",并出现奉献失落、人性冷漠、物质至上等现象,这些不良思想会对那些涉世不深、缺乏分辨能力的师生产生负面影响。

校园文化载体可以促使全体师生形成共同的价值追求,能够提高师生的思想认识水平,端正他们的心态,提高他们防御不良思想的能力。只有这样,高校校园文化载体建设才能有效应对社会各类文化的影响,才不会偏离正确的发展轨道和目标。高校班主任要密切关注班级文化氛围,抵制不良文化对大学生的影响。

(三) 端正学生价值取向

高校校园文化载体建设的育人对象主要是大学生,大学生的思想价值取向如何,直接决定校园文化建设的优劣成败。由于成长环境和受教育条件不同,每个人形成的价值观也不同,但他们的核心价值追求应是一致的。

党的十八大提出,社会主义核心价值观是我们整个中华民族的共同理想,它既继承了中华传统文化精华又汲取了人类文明优秀成果,既坚持了马克思主义的共性又涵盖了中国特色社会主义的个性。

在校园文化载体的建设中,高校班主任要善于运用社会主义核心价值观,以春风化雨、润物无声的方式进行思想政治教育,提高学生分辨是非、善恶、美丑的能力,引导他们树立正确的世界观、人生观、价值观。

第二节 高校校园网络载体

所谓思想政治教育的网络载体,就是通过互联网这一电子信息交换系统,向人们传播正确、丰富、生动的思想政治教育信息,以帮助人们形成社会主义核心价值观和健康的精神状态。① 而高校校园网络载体,通过使用官方微博、微信等公众平台,强调研究主体是大学生,高校班主任运用网络载体传播和承载信息,使大学生

---

① 陈万柏,张耀灿.思想政治教育学原理[M].北京:高等教育出版社,2015.

在运用网络载体的过程中,形成符合社会主义社会发展所需要的思想观念和政治观点。

一、高校校园网络载体的特征

(一) 开放性

高校校园网络载体的开放性,体现在网络作为一个开放性的公共系统,在一定程度上突破了地理的限制,打破了各种常规界限,每个人可以在法律允许的范围内自由地发表言论,与他人沟通交流,从容表现自己的特质。

一方面,大学生可以通过各种网络载体,了解到党和国家的方针政策、各地的新闻资讯以及校园最新的事件动态等,扩展自己的视野。

另一方面,作为高校的教育者角色之一,高校班主任也可以通过各种网络载体加强与大学生的沟通和交流,了解他们内心真实的想法。大学生作为受教育者,也可以针对性地利用各种网络载体,加强自主学习探索。

网络载体的开放性特点,打破了教学的一些限制和束缚,学生可以随时通过网络载体获取知识,为自己主动学习增加了便利性。高校班主任也可以充分利用网络载体的开放性,与大学生展开交流,理解他们的所思所想,继而顺利开展教育工作。

(二) 容纳性

高校校园网络载体具有容纳性较大的特点,主要表现在高校校园网络载体在承载和传递各种信息时,以各种数字化的形式存储和记载。具体在表达形式上,通过语音、文字、图片等传播信息,可谓种类繁多。网络教育载体与传统教育载体相比,有以下优势:

第一,没有广播、电视播出时间段的限制,可以重复滚动播放,拘束更少。

第二,相比书籍、报刊等,在版面上没有过多限制,包含的内容信息更丰富。"它正在改变着人的生存方式、交往关系,重构着社会生活的话语体系、组织模式,生发出新的道德伦理和价值观念。"[1]

很多时候,高校的授课形式已经采用线上网络载体授课方式与线下授课方式相结合,高校班主任通过网络载体与大学生加强交流的方式,在同学们中获得了良好的反响,取得了较好的效果。

---

[1] 张再兴.网络思想政治教育研究[M].北京:经济科学出版社,2009.

(三) 平等性

在高校校园的日常生活中,师生间具有相对明显的身份差异性,导致各主体的交流存在某种程度的束缚。而在网络载体所处的环境中,人们处于一种相对平等的身份关系中,更符合思想政治教育理论中各主体处于相对平等的理想状态。在高校校园网络载体运用的交流中,由于各主体不用面对面地进行交流,在一定程度上转变了传统信息承载和传播过程中教育主客体之间的不平等关系,高校师生皆可以成为优质内容的制造者和传播者,因此,很多高校鼓励大学生们进行更多的优质内容创作。以往的灌输类与单向类传播造成的教育者和受教育者信息交流与沟通较少,信息反馈与交流具有较严重的落后性,而现在通过高校校园网络载体可以更好地与各主体沟通联系,大学生可即时发表自己的观点和看法,反馈与上传一些数据,高校班主任也能第一时间了解到同学们的最新动态,有针对性地采取措施,这是传统单向的教育模式无法做到的。高校校园网络载体的运用,提高了高校大学生的参与精神,在一定程度上有利于高校校园建设。

二、高校校园网络载体的价值

(一) 丰富高校教育教学的形式与内容

在高校校园里传统的教育教学工作以线下授课教育为主。这些传统教育教学方式虽然历经了时间的考验,证明了其自身存在的价值和意义,但在互联网信息技术日益发达的新时代,一些限制因素愈来愈明显,主要表现在受到时间、空间的约束,形式上简单乏味。现在大学生对这些传统高校校园教育载体喜爱度偏低。

在新时代高校,高校班主任依托各种网络载体教学,教育方向朝着数字化、共享化发展。通过校园网络载体,一方面,以图像、音频、视频等多种途径传递教育教学内容,在增加趣味性的同时,形象化的展现形式向学生提供了丰富多彩、新颖有趣的感性材料,可以让大学生将学习化被动而主动,将线上课程学习得更好;另一方面,通过网络载体的运用,不仅可以让学生们及时了解校内的新闻资讯、最新动态等,而且可以通过网络载体学习更多的课外知识,极大地丰富了高校班主任教育的内容。

(二) 通过网络关心学生生活,关注学生心理健康

网络载体是新时代互联网信息技术大力发展的情况下,在高校得到广泛使用的新型载体。与高校使用的传统教育教学载体相比,网络载体在传播和承载信息

的及时性和有效性上都有了较大的提升。当今互联网时代,大学生可以通过使用QQ、微信等网络平台,更有效、便捷地获取所需要的信息。这些网络平台给他们提供了一个展示自己情感体验、思想活力以及情绪释放的平台。

当前,沉溺于网络的大学生群体和由此引发的种种心理问题引发社会关注,《关于深化教育改革全面推进素质教育的决定》中明确提出,"加强学生的心理健康教育",学校的心理辅导工作势在必行。高校班主任利用这些网络平台可随时随地且能够及时地对学生提出的心理健康教育问题给予沟通、疏导,对存在心理问题的学生悉心关怀,及时了解学生的情绪变化,帮助他们选择恰当的方式方法处理问题,激发学生的自信心。网络聊天也解决了许多大学生碍于面子或羞于表达的问题,学生可以不用与老师面对面就能正确认识心理健康教育,时刻关注自己的心理动态,有利于大学生心理品质的健康发展。

(三)适应网络发展趋势的需要

中国互联网络信息中心在2021年发布了第48次《中国互联网络发展状况统计报告》,据统计报告显示,中国网民人数高达10.11亿人,互联网普及率达71.6%,说明我国多数居民已经深度参与到了网络中来。20~29岁的青年,占总网民数的17.4%,在所有年龄段群体中占比位列第三位。

现今,广西壮族自治区内许多高校都建立了颇具规模的专属校园网,在互联网上的互动成为了高校老师和大学生在日常学习工作和生活中必不可少的一部分。由于手机客户端和移动通信技术的不断发展,大学生使用手机学习与娱乐的时间越来越多,因此,为了适应网络发展趋势的需要,使高校教育教学工作不与网络时代的发展相脱节,尽快缩小高校教育教学与网络发展的差距,高校教育教学网络载体运用的研究就显得尤为重要。高校班主任作为一线教育工作者,更应该关注最新的网络发展趋势,了解高校大学生网络使用情况现状。

第三节 高校学生社团载体

《高校学生社团管理暂行办法》中指出:"高校学生社团是指由高校学生依据兴趣爱好自愿组成,为实现成员共同意愿,按照其章程自主开展活动的群众性学生组织。"[①]高校学生社团载体是在校学生接受高校管理规定的基础上,基于共同爱好并

---

① 共青团中央,教育部.全国学联高校学生社团管理暂行办法[EB/OL].(2016-01-13).http://www.moe.edu.cn/jyb_xwfb/s5147/201601/t20160113_227746.html.

为满足共同的兴趣而自发组织起来的群众组织,是高校校园文化的重要补充,有利于大学生的全面素质发展。高校班主任要积极参与到高校学生社团载体中,以便更好地开展大学生教育工作。

一、高校学生社团载体的类别

(一) 学术科技类

高校校园中,学术科技类社团是进行一系列学术专业探讨、科技发明创造等活动的学生社团组织,其目的在于培养大学生学习兴趣和促进学生专业发展。学术科技类社团同时还负责组织和进行各种学术讲座、学术交流会、讲演比赛、知识竞答等活动。

(二) 体育文化类

高校大学生体育文化社团从事活动主要涉及舞蹈表演、歌唱比赛、戏剧活动、体育竞赛等,以及组织成员进行小说、诗歌等的学习和创作,旨在加强大学生的竞技体育水平和文化艺术鉴赏能力,培养学生的兴趣和爱好,丰富学生课外生活。

(三) 志愿公益类

校园大学生志愿公益类社团,积极组织团员参加各种非盈利性公益活动,典型活动有对弱势群体的帮助、保护环境卫生等,旨在帮助大学生多多参与社会实践,将自己的价值在服务群众中得到充分的体现。

(四) 兴趣拓展类

高校兴趣拓展类学生社团旨在锻炼和提高学生们的动手实践能力,常见的类型有推理社团、书法社团、摄影社团、航模社团等。各式各样的兴趣拓展组织活动为大学生提供了发扬个性并且施展才华的舞台,这些丰富多彩的课外实践活动满足了大学生全面发展的需求。

二、高校学生社团载体的特点

(一) 政治性

政治性特点是由中国的社会主义国家性质以及当前阶段高等教育的性质和特点所决定的。高校学生社团各类载体作为高校教育的重要组成部分,在运行管理

过程中,要做到以下几点:

第一,要坚持社会主义的办学方向,意味着要全面贯彻遵守党和国家的政策方针,各类学生社团的全体成员不能在日常的工作中违背办学方向、违反校纪校规。

第二,要提高社团成员的思想政治素养,社团要把握正确的政治方向,从而确保社团的长期稳定发展。

高校班主任作为与大学生朝夕相处的一线教育者,更应该对大学生的社团参与全过程进行有效掌握,确保高校社团载体的方向性与政治性。

(二) 教育性

在多元化类型下的高校学生社团载体,其存在的根本意义在于具备一定的教育意义。在中国,大学承担着大学生培养、科学研究、服务社会的众多使命,而高校学生社团的设立也是对此使命与目标的补充。各种社团活动目的都是为了拓宽大学生的视野,丰富大学生的课外生活,让大学生在高校学生社团中得到培养和锻炼自己的机会。全面型人才在未来会更加得到重视,能够将所学知识和实践相结合的应用型技能将成为是否是优秀大学生的重要评判标准。高校班主任要积极了解大学生在社团中的总体表现,鼓励大学生培养综合能力,做到全方面提升。

(三) 自主性

高校学生社团应当是具备一定自主性的组织团体,是大学生们自愿参加的,社团成员之间也是平等的,社团可以更好地培养和提升大学生的综合素质。在此基础上,学校要在学生社团不违反校纪校规的基础上,重视学生社团的自主性权利,尊重学生社团的申请事项、发展事宜。

此外,学校要理解与接受不同类型的学生社团,做到广开言路,多沟通、多理解,更好地引导高校学生社团发扬民主精神,进行更加有效的自我管理。高校班主任应该给予大学生更多的活动自主权,充分调动他们的积极性与主动性,鼓励更多大学生参与到各项社团活动中去。

三、高校学生社团载体的价值

(一) 培养大学生综合能力

大学阶段学生的日常生活不仅只有学习,大学自身的基础课程为学生们的学习奠定了知识基础,但想要学生的综合素质得到的全面发展,还必须注重大学生课余生活。高校学生社团是大学生课余生活的重要组成部分,高校班主任应鼓励大学生加入学生社团,参加各类活动,感受各种文化,以此引导他们的成长成才之路。

通过参加高校学生社团,大学生们不仅可以得到一个合适的舞台来展示自己的专长和技能,而且可以不断锻炼自身的实践能力与创新能力,增进道德修养和民主意识,促进自身的知识实践能力发展。通过不断地参与集体活动,社团成员的团队协作能力和信息检索能力得到了提升,成员的人际交往能力和沟通技巧也在同步提高,促进了他们身心健康发展。社团的活动形式组织多样,小组讨论、学术争辩等方式使得大学课程所学到的知识能和实践运用更加紧密地结合,既能巩固大学生们学到的知识,也能让他们在活动中加深对校园生活的理解,从他人身上学到许多技巧和新的理解。

(二)发挥心理调节作用

一方面,大学生面临着较为繁重的学业压力,从高中进入到陌生的高校中,面临着更多的困难险阻,既有来自对未来职业规划的迷茫,也有对来自家庭、人际关系等方面的考量。高校学生社团载体和参与其中的高校班主任可以为大学生提供较好的心理调节作用,对大学生们可能存在的心理问题进行疏导与沟通,鼓励他们以积极的心态参与各种活动,从而排解自身的不良情绪。高校学生社团的成员们聚集在一起,追求共同的爱好和兴趣,可以充分地让身心得到放松。

另一方面,高校学生社团的生活和学习也为大学生之后走向职场进行了一定程度的模拟,当在社会实践活动中遇到挫折和困难时,社团成员们会经历失败带来的心理压力和挫折感,但是他们通过不断的心理调节和适应,可以锻炼自己的意志力,坚定自己的理想信念,增强行为的自觉执行力。近年来,计算机社团、数学建模社团、航模社团等新型社团的不断涌现,反映出很多大学生愿意以学生社团的方式与其他志趣相投的同学共同探讨与学习,这些社团一般会配备一位专业的指导老师,以在社团活动中为学生们答疑解惑。学生们积极参与这类社团活动,在课余时间也能够提升自己的专业技能和理论水平,减轻学业上的心理压力。高校班主任通过和社团老师加强沟通和交流,进一步了解到大学生的心理健康状况,更好地进行课外心理辅导。

(三)树立正确的价值观导向

随着时代发展,尤其是互联网信息技术的迅速进步,大学生了解资讯的效率越来越高,受到各种新思想的影响也越来越显著,高校学生的思想观念也发生了巨大的变化。因此,在高校大学生课外生活中占据较多时间的高校学生社团显得尤为重要,高校学生社团有助于帮助大学生树立正确的价值观导向,帮助大学生建立起正确的道德体系和价值坐标,并培养德、智、体、美、劳全面发展的社会主义建设者和可靠接班人。许多高校学生社团组织大学生志愿者参与到无偿献血、支教活动、帮助困难老人等公益活动,以此希望学生社团成员不仅可以提高自己的技能,还可以在实践过程中获得幸福和满足感,并树立正确的价值观。另外,高校学生社团活动将有助于强化学生与学校之间的联系,有利于学校及时了解学生的思想和行为,把握学生成长成才的需求,加强教育的针对性,提高高校思想政治工作的实效性。高校学生社团能够通过较有亲和力的方式向学生们进行思想道德教育,许多高校通过社团中的成员具有共同爱好的特点,充分发挥自身的组织优势,组织社团成员们喜欢参加的活动。高校班主任要在社团活动中培养大学生的道德素质,提高大学生的思想政治素质,引导大学生树立正确的价值观。

第四节　高校学生社区载体

高校学生社区载体是指为学生社区生活而服务的各种服务设施的统合,通常以大学生寝室为基本构成要素,也涉及文体活动中心、学生食堂等,也是课外对大学生进行宣传与教育的重要场所。随着时代发展与变化,对高校学生社区载体的内涵认识不断深化,不再是传统意义上的大学生休息住宿的场所,更是大学课堂的延伸,是大学生成长、成才的又一重要推动力。高校班主任要经常性地深入到大学生社区当中,有的放矢地进行生活上的指导和心理上的疏导。

一、高校学生社区载体的特征

(一) 多元性

高校学生社区主要由青年大学生构成,他们是来自全国不同区域、不同民族,拥有差异化的专业知识与技能的年轻人,共同居住在一个学生社区。由于他们的生活方式和兴趣爱好各不相同,在共同的学习与生活中,必然会相互影响、共同作用,使得他们要想和睦共处,必须学会相互理解和体谅。另外,高校学生社区运行和管理具有人员构成复杂的特点,大学生通过和学生社区的服务管理人员、教师队伍、学生会成员等的交流和沟通也使得社区载体构成呈现出多元化的特点。高校班主任要与生活老师多沟通协商,合理安排宿舍人员,巧妙化解班级学生冲突。

（二）独特性

一般城市社区建设的重点是将社区的软硬件等设施条件不断提升，主要是满足居民的休闲娱乐需要。而高校作为教书育人的重要场所，其学生社区不仅要满足大学生娱乐和放松的需要，更大的意义在于作为辅助教学教育而存在。因此，高校学生社区建设还要求具有独特性的教育意义。当代学生社区大学生较一般的城市青年来说，他们的心理发展还不成熟，对社会的认识更多的是感性认识，缺乏理性的思考。由这样一些青年成员构成的社区主体，他们年龄差距不大，有着共同的兴趣爱好，相似的求学经历和人生理想；他们思维灵活，知识接受能力强，关心社会敏感问题，同时又缺乏对社会的理性认识，因此更需要有针对性的教育引导。高校班主任要有相应的包容力，理解大学生社区载体的各自差异性，做好差异化管理。

（三）创新性

高校学生社区是为了广大在校大学生服务的，当前我国高校大学生的住校时间通常为3～4年，在这期间，每年新学期开学都会有一批新鲜血液注入。他们的需要、需求会伴随着社会的发展而不断演变，使得高校学生社区也在有针对性的不断改变和创新。这不仅包括设施设备等硬件基础设施的更新与换代，还涉及纪律条例、管理制度等软性管理方面的创新与完善，使得高校学生社区不断得到巩固和发展。

高校班主任工作载体的不断发展，一是表现在对传统载体的不断创新，二是表现在创设一些以前没有的新型载体上，三是表现在将多种教育教学载体进行融汇使用。

如何有效开发和整合现有的高校班主任工作载体资源，形成教育合力，是摆在高校教育工作者面前的现实课题。高校学生文化载体是高校班主任工作的必要和重要载体。高校学生网络载体对大学生的成长与成才带来了重大转变，也给高校班主任工作带来了新的机遇和挑战。高校学生社区载体对于大学生的身心健康起着至关重要的作用，更是大学课堂的延伸。高校班主任作为班级的管理者，要支持大学生群体对于社区生活的相应创新实践活动，有足够的包容性。

二、高校学生社区载体的意义

（一）为大学生提供必要的生活服务

高校学生社区载体为大学生日常学习与生活提供了必要的基本保障服务，社区生活质量关乎大学生社区生活的幸福感和对学校的归属感。生活服务涵盖饮食就餐、睡眠休息、购物活动等,优质的便民服务能够提高大学生的生活质量,提升大学生居住的幸福指数。此外,大学生课外时间很多都是在高校学生社区度过的,只有发挥好高校学生社区作为学习的"加油站"功效,才能更好地提高大学生的日常学习效率与能力,使得大学生更好地完成学习任务。认真学习,掌握知识与技能是大学生在校的根本任务,高校学生社区载体为其提供了助力。高校班主任要多关注大学生的身心健康,关心学生们的日常生活。

(二) 引导大学生树立良好的学风

努力学习各种知识和技能是大学生的第一目标。高校应建立起学习型的社区,班主任借助社区平台引导大学生学习,树立良好的学风。高校班主任通过经常走访高校学生社区,深入到学生寝室中,鼓励学生规范自己的作息时间,以确保正常的教学秩序,激发学生学习的内生动力,在社区中树立起以学习为荣的基本观念,帮助大学生学会主动学习,并且积极思考,勇于探索。

一旦营造好学生社区良好的学习氛围,就会产生一种强大的精神力量,进而对大学生的心理活动产生深远和广泛的影响。高校学生社区的学习氛围一旦建立并得到巩固,学生们在耳闻目染下潜移默化地就会受到影响,自然形成了正确的价值观念和学习作风。以高校学生社区的最小单位寝室为基础,开展诸如学习型寝室建设等创新活动,有利于促进良好学风的形成。高校班主任通过支持开展社区学习活动,有利于引导大学生树立良好的学风。

(三) 增强大学生对高校的归属感

高校学生社区载体的作用体现在大学生的日常社区生活中,这些日常的点点滴滴会对大学生的生活方式、行为习惯、价值判断等产生很强的导向性和约束性影响。积极向上的高校学生社区生活有利于学校与大学生之间的相互沟通和理解。要想产生正面积极的影响,需要高校教育工作者不断努力,在大学生中形成有效的团体凝聚力。这种团体凝聚力一旦形成,会使大学生对学校和社区产生深深的归属感与荣誉感,在不知不觉中,对自己的社区和学校更加爱护和更加珍惜,愿意捍卫学校的荣誉和利益,并积极服务和参加高校学生社区的活动。

这些社区内定期举行的各类文化活动能调动大学生的积极性,使大学生主动融入到社区集体生活中,使大学生真正成为社区中的一员,并且找到社区大家庭的归宿感,有利于高校学生社区内形成和睦、融洽、安宁的气氛。正是这种热切的归属感把大学生和高校紧紧地凝聚在一起,形成一种向心力,使得同学们都能齐心协力为社区而共同努力,能够推动整个校园的和谐健康发展。高校班主任通过走访宿舍和学生们展开更多交流,也有助于增强大学生对本校的归属感。

(四)对大学生产生精神引领作用

高校学生社区载体通过物质设施、制度建设等多维度方式对大学生产生积极向上的精神引领作用。比如,社区内催人奋进的景观校训、健康实用的锻炼器材等,都会使高校社区大学生在不知不觉中受到感染和启发,引导大学生更加爱校、爱生活。充满人性化的规章管理条例有利于引导社区学生形成正确的世界观、人生观和价值观,对社区学生的学习生活及思想言行有着积极的引导作用。当社区学生的行为方式不符合制度条例的要求时,学生能够在不知不觉中受到规章制度的影响和约束,按照相关制度规范自觉地调整自身行为。高校学生社区通过组织丰富多彩的活动,如通过宣传国家方针政策的宣讲会、文明卫生寝室评比活动、唱红歌社区比赛等活动向大学生宣传与教育真善美的理念,强化大学生的思想政治教育,对大学生产生精神引领作用。在多元文化冲击的背景下,社区组织多形式的爱国主义教育、社会公德教育活动,可以引导大学生正确认识国家与社会,树立积极向上的价值观和人生观。

第六章 高校班主任工作创新

高校班主任是高等教育阶段落实立德树人、保证教育质量的关键责任人,是开展大学生思想政治教育的骨干力量,也是高校大学生健康成长的指导者和引路人。在《中共中央国务院关于进一步加强和改进大学生思想政治教育的意见》和《教育部关于加强高等学校辅导员班主任队伍建设的意见》等文件要求下,全国各高校基本采取的是专职辅导员与专业教师兼任班主任工作的双重学生管理机制。

当前,我国大学生教育与日常事务管理工作面临新环境、新变化和新问题,当代大学生的思维方式、交往方式和生活方式发生较大改变,思想和行为上呈现出新特点、新问题,高校学生追求个人潜能与人生价值的信念更加坚定,其多元思想观念、道德规范的并存、交流和碰撞,理想与现实又带来了矛盾与困惑,在思想认识上具有一定的模糊性和混乱性,具有显著的时代特征,为高校班主任工作带来了许多新挑战。正因如此,工作创新是新时期下高校班主任"如何育人"和"如何育好人"的核心与关键,也是新时代下对于高校班主任专业化和职业化的新要求。

第一节 高校班主任管理理念创新

一、班级管理要基于"以人为本"的管理理念

"以人为本"的班级管理是指在班级管理过程中,以学生为出发点和中心,围绕着激发和调动学生的主动性、积极性以及创造性展开,以实现学生与班级共同发展的一系列班级管理活动。"以人为本"从字面意思理解就是以人为核心,尊重人、依靠人以及为了人,换言之,即一切事物或活动的出发点、主体和目的都是人。中国最早的人本思想可以追溯到孔孟所处时期,"仁者爱人,民为贵,君为轻"是"以人为本"的体现。

在西方,文艺复兴后人们的目光逐渐由"神"投向"人","以人为本"理念自然而然也成为西方的主流理念。之后,学者罗杰斯的人际关系论更是阐明了每个人都

是一个单独的个体，都具备主动性，不应把人"物化"为完成目的的工具，人与人之间的关系应该是和谐的。自从高校教育改革深化后，"以人为本"成为不少教育学家所推崇的理念，也是高校管理的中心理念。高校学生管理中的"以人为本"即把学生的根本利益作为一切管理活动的出发点和落脚点，明确学生作为教育管理活动的主体地位，让学生发挥出主观创造性和能动性，体现高校全心全意为学生服务的基本宗旨。

在高校"以人为本"的管理理念下，高校班主任不宜凭借强制命令或是级权威压对学生开展管理教育，而应在与学生进行充分沟通了解学生想法及需求后，逐步构建出长效管理机制，让学生的管理工作更加人性化，久而久之，营造出和谐的高校管理氛围，实现学生"不管"而"自律"的目的。

更新学生管理的理念，关注学生身心发展诉求。班主任需树立"以人为本"的教育管理理念，摒弃被时代淘汰的管理模式，这也就要求管理者在关注学生发展的同时，尊重学生不同阶段的发展规律，满足学生身心发展的诉求。

"善治须达情，达情始近人。"高等院校在开展学生管理工作时应根据学生个体需求及学习能力进行差异化管理，不应一概而论，适时做出符合发展规律的阶段性调整。尊重个体发展需求，保障学生自主选择权。学生作为个性鲜明的个体，有着自己的想法，有着各自擅长的领域，也都各有所好。应尊重学生的不同发展需求，尽可能地为学生提供个性化服务，提升学生获得感，促进学生的全面发展。

推行人性化管理，管理有力度更有温度。传统的高校班主任管理制度灵活度尚且不够，且以负面激励为主，长期的制度约束导致学生缺乏自我管理意识。新时代的高校可从优化管理制度、创新管理模式。传统高校管理制度中存在着大量强制性较强的学生行为管理条例，班主任可以通过问卷调查的形式广集学生意见，对此类条例进行适当优化，废除不符合"以人为本"教育观的条例，增加正面激励和人性化的条例，让管理有力度的同时更具温度；把自身定位从"管理者"转向"服务者"和"教育者"，对学生循循善诱，引导学生在多元文化下形成正确的三观，协助学生建立信心，为社会输送符合要求的人才。

二、班级管理要立于"与时俱进"的管理理念

随着社会的进步与时代的发展，我国对教育事业的发展更加重视，尤其关注高校教育事业的发展。班级管理是高校教育、培养人才的重要组成部分，同时也是提高学生整体素质的基本单位与载体。高等教育质量也与高校班级管理工作的开展有着十分密切的联系，班级管理的成效直接关系高校教育质量与教育效率。

当前，"00后"大学生思维更加活跃，乐于接触新鲜事物，个性差异较大，抖音

等短视频平台成为流行的文化,成为他们了解外部世界的渠道。时代在发展,教育环境伴随着时代的发展不断变化,这就需要高校班主任能够根据时代的发展和教育环境变化,打破传统思维模式,积极转变学生管理思维模式,从单一化向多元化思维转变,从而胜任新时期学生管理工作的需要。

随着"5G"信息化社会的到来,人们的学习方式已悄然发生变化,尤其对于青年学生,面对大量信息有时会无所适从,传统的"三观"也正在经受着各种因素的挑战,因此,高校班主任必须与时俱进,创新班级管理理念,创新管理方式,只有这样才能提高班级管理效果,增强育人能力。

当下,高校班主任育人的主体对象已经发生了变化,传统、刻板的教育管理模式已经逐渐被淘汰。因此,高校班主任要解放思想、广开思路、找准问题、大胆尝试,为学生"自我教育、自我管理、自我服务"搭建平台,以学校育人目标为出发点,发挥好奖助勤贷在学习生活中的激励作用,明确评价机制的导向,遵循学生成长成才规律,在大一到大四期间,分时段、分节点探索符合该时期学生成长规律的教育方法,不断提高学生的思想水平、政治觉悟、道德品质、职业文化素养,不断增强工作的针对性、时代感和吸引力。

三、班级管理要重视"因材施教"的管理理念

因材施教具体在对于学生的针对性、精细化管理,它既是一种教学方法,也是一种教育理念。具体而言,指的是教育者应根据受教育者的个体差异和学习情况采取符合其个性发展的教学方式,以使受教育者获得更好的发展和进步。由于受教育者具有不同的能力和性格,"所以对同一对象,要针对其表现做出不同的教育方式",使受教育者都能根据自己的性格特点获得知识,充分发挥自己的长处。

教育目的是将学生培养成为合格人才,应明确学生的主体性。而当代学生主体性却没有受到应有的重视,不仅使目前的学校教育偏离其育人目标,更使学生的主动性、创造性和积极性受到抑制。近些年来,不少社会人士和教育学家不断呼求教育应回归本位,实施人文教育和素质教育,不能仅重视学生成绩,忽视学生其他方面的发展。为此,所有的教育工作者都应该树立正确的教育意识,坚持学生的教育主体地位,在把握学生个体差异的基础上,采取最适合学生发展的方法进行教学,满足学生的学习需求。

在班级管理中,班主任要全面透彻地了解学生,对学生进行细致的观察,对每个学生的个性特点都要有着深刻的了解,一定要确定因材施教的教育内容和教育方法。对学生要"听其言,观其行",即通过学生的言行举止来对学生进行一个综合判断,这是了解学生的重要方法。教育工作者要在学习生活中对学生进行细致的

了解和认识,明确学生的学习特点和心理需求。

一般来说,学生愿意在班主任面前展示好的一面,而在班主任看不到的时候才会露出不好的一面。因此,要对学生进行长期观察才可能了解学生最真实情况。由于学生来自不同的地方,且生活环境、自身个性都存在差异,所以高校教育工作者更应该在了解学生的基础上与学生进行更多的沟通。

教育工作者应该关心学生的心理状况,及时解决学生的心理问题。为此,教育者首先要对学生有较为全面的了解,切实把学生放在心中,并让学生真正感受到足够被重视,学生才会愿意向班主任表达自己的真实感受,班主任才有契机对学生进行有效指导,促进学生的发展和进步。

对于不同的学生采取差异化的教育方式,需要切实把握学生的个体差异,设置相应的人生目标和发展途径,进行具有针对性的指导,以期真正实现学生的成长成才。新时代高校班主任需要改进自己的教育方式,以灵活多样的教育方式促使学生发展,在改进教育方式时有意识地观察学生的特点,以此作为改进方法的依据。

在日常工作中,班主任应积极改变以往"教师权威"的观念,将学生摆在教育主体的位置上,公平地对待每一个学生,并积极与学生进行互动,倾听学生对于学习等各方面的看法,从多方面入手,激发学生的学习兴趣。班主任要依据学生的具体特点促使学生进行各方面的学习,让学生有效利用课余时间去完善自身优点。与此同时,班主任还应与学生进行深层次的沟通和交流,把握学生的想法和学习进度,以此采取针对性的教育方式,从而促使学生更好地发展,并取得更好的教育效果。

第二节　高校班主任管理机制创新

班级是学生成长的摇篮,是学生在校的主要归属地。班级对于学生成长、成才有着至关重要的作用,近年来,高校也越来越重视班级建设。一个良好的班级氛围会激励学生不断进取,促使其主动、健康的成长。新时期做好对高校班级管理机制研究的意义主要在于:

一是班级管理的好坏与否影响着高校的稳定与发展。班级是高校的基本单位,班级管理是高校管理的重要组成部分,是高校德育工作的重要切入点与落脚点。学校各项工作计划的实施要依靠班级管理进行贯彻与落实,学校的各项活动的开展也要依靠班级管理来落实。班级管理是高校管理的一个重要环节,班级管理的好坏直接影响高校的稳定,影响着学校的教育质量和管理水平。有效的班级管理能够维护正常的教学秩序,保证教学质量,为实现育人目标提供可靠保障。班级的良好管理是高校创建优良班风的关键。优良的班风,能够促进高校优良学风的形成,因而,班级的管理对高校的稳定与发展是非常重要的。

二是班级管理的好坏直接影响着学生的成长与成才。高校的根本任务是培养人才,高校中每个学生都是不能脱离班级这个群体的,班级中每个学生的成长与班级息息相关,良好的班级氛围对学生们的全面健康发展有着巨大的影响作用。当代大学生正处于我国改革开放与社会主义现代化建设的新阶段。随着经济日益发展,各种文化思潮的交流、摩擦与融合不断冲击着人们的思维方式,新事物层出不穷,千姿百态。目前,"00后"大学生因受社会环境的影响,价值取向呈多元化发展,且他们正处于对知识的渴望时期,容易接受新事物,学习能力、个体意识与独立意识较强,但自我约束控制能力较弱、合作能力相对缺乏以及集体意识日趋淡化,因而,良好的班级管理可以有效地约束学生,修正学生的行为,并由此影响学生一生的发展。

一、量化管理机制,激发班级活力

采用量化管理,使管理具体化。量化管理起源于实证主义哲学、科学主义思潮和科学管理理论的量化管理,已应用于各行业管理。高校管理理论层面也多有应用。为适应新时代高校学生管理新要求,应对学生个人、班级和班主任三者捆绑量化、考核、评价,建立互动机制。当前,高校教育在学生专业知识培养和综合素质培养上的失衡现象仍然比较突出,主要是因为社会、学校、家长、学生教育价值取向单一,基础教育阶段"唯分数"论,客观上弱化了学生综合素质教育的投入,也缺乏有效的教育手段。

因此,建立班级量化考核管理互动机制,一是有现实意义;二是有利于增强合力,提高效果;三是实现学生管理动态跟踪,有利于发现问题,及时调整;四是建立学生管理评价体系,有利于科学决策,创先争优。一个班级的班风如何,在一定程度上取决于班主任管理工作的方式方法。

班主任和学生都具有主观能动性,免不了在进行量化考核的过程中带有一定的感情色彩,其公正性必然也会受到影响,因评价者的情感因素引起的评价不公、打分不公,势必会影响到学生的积极性。即使班主任能够做到公平、公正、公开地开展工作,但是由于学生的个性、心态等方面的差异,也会引起对量化考核结果的不同看法。

因此,量化考核结果能否被学生认可和接受取决于量化考核评价体系是否适度。过于严厉,学生就会感到无所适从,甚至产生抵触情绪;如果过于宽松,就会降低学生的行为要求,失去量化考核的意义。而使学生在某一类行为上得到较为合理的评价,也有利于调动学生改正不良习惯的积极性。

二、强化激励机制,衍生内生动力

"激励"作为大学生思想政治教育工作中的重要手段,在引导学生进行有效自我管理的过程中有着重要的作用。激励机制是心理学范畴内容,主要依托外部奖酬形式和环境的科学设计,运用一定的奖惩行为和措施,在信息沟通的引导和激发下,实现对组织成员行为的规范,以促进每个成员个体目标的实现。换言之,激励机制是结合人的需求,运用外部手段和措施,探究内在动机,提高组织成员的积极性与内在动力,使其朝着期望目标努力的过程。激励水平的高低,在很大程度上影响着完成目标的努力程度与工作效能。将激励机制运用于大学生管理中,可以引导学生积极向上,使其具备较强的奋斗目标,继而不断努力学习和自我完善。

高校班主任应将激励机制应用于高校学生管理中,通过制定科学合理的激励目标,为学生行为提供必要的标准和尺度。班主任在对高校学生进行教育管理时,应设立与之相契合的激励目标,才能最大限度地激发学生的内在动力,使其对学习、理想具备更高的热情和积极性,满足其自我发展的实际需求。目标激励方法在实际运用的过程中,需结合班级学生的个体差异性以及学校的整体政策,保证所制定的目标具有科学性、合理性和可行性。激励目标的设定不宜过高或过低,如果激励目标过高,学生会感觉完成难度大,从而在一定程度上降低了奋斗和努力的积极性、自信心;如果激励目标过低,则会导致学生自信过度,目标轻而易举就能实现,无法发挥激励机制的作用和价值。

三、创新沟通机制,搭建有效沟通桥梁

高效的沟通是现代管理的重要环节与特征,其目的在于使人们在思想认识上达成一致和在行为实践上形成合力。高校班主任作为衔接学生与学校之间的有效桥梁,若缺少良好的信息传递能力,将导致班主任的工作效率低下,甚至不利于学生管理各项工作的顺利开展。师生要建立良好和谐的关系离不开沟通。部分大学生在成长的过程中,由于没有经历过多的挫折和失败体验,致使其在抗挫折能力和自我调节方面的能力较弱,在这种情况下他们需要有人为其提供帮助,班主任在此方面应起重要作用,通过建立良好的沟通机制,为学生答疑解惑。搭建沟通机制,需要做到以下几点:

一是双向互动,扩宽交流的渠道。班主任在班级日常管理时不仅要将一些教

学活动信息有效传达给学生,更要认真听取学生一方反馈的重点信息,并就重点信息进行分析、思考,再根据学生实际情况和具体需求做出相关决策。同时作为班主任,要定期开展班会交流活动,增强班级之间的交流。此外班主任需善于利用网络平台,利用社交软件管理QQ群和微信群,并定期在群中发布重要信息。

二是要转变角色,学会换位思考。以往班主任在学生管理工作中的角色形象过于威严,这一形象给学生造成了很大压力。因此,为实现高效沟通,班主任在与学生进行沟通时,应注意态度温和,以平等、尊重的眼光看待学生,认真倾听学生所讲的每一句话。当学生阐述自己观点和看法的时候,要认真分析、思考学生话语背后潜藏的含义,确保能够准确理解学生的意思,并做出相应言语上和行为上的回应。

三是提高个人素质,发扬语言魅力。班主任应不断强化自身素养,多阅读一些有关心理学、管理学方面的知识,从而进一步了解学生的心理,有针对性的实施管理措施。同时,班主任应当不断优化自身语言能力,做到言简意赅、逻辑清楚,让学生能够清楚地了解自身所传达的意思,有利于学生更好地配合、参与和执行。

第三节 高校班主任管理方法创新

班主任制度在中国中小学实行较为普遍,与之对应的,大学主要实行辅导员制度,通过辅导员开展大学生思想引导和日常管理工作。但因辅导员所带班级和学生较多,一些工作难以做到细微深入。鉴于此种现状,近年来很多高校逐渐开始实施班主任制度,从优秀的专业课任课教师中选拔班主任,协助辅导员开展班级管理工作。

高校班主任的地位比较特殊,他们"处在学校与学生联系的第一线",直接承担学生的德育教育、思想政治教育和日常管理工作,工作职责是把班级建设成学风浓郁、团结活跃的班集体,把学生培养成适应新时期发展的社会主义建设者和接班人。因此,高校班主任工作有其特殊性和重要性,不仅直接影响大学生的健康成长,还是国家教育文化方针政策的具体落实者,对学校及社会稳定发展起着重要的作用。

鉴于兼有专业课任课教师和班主任双重身份,较之专职辅导员,教师担任班主任的优势在于能够在课堂授课过程中获得学生更多的信任,可以从专业层面引导学生进行较好的专业规划;在管理形式上,一位班主任管理一个班级,更加便于管理工作的深入开展。

高校班主任与在校生的接触也是非常重要的一环,如何保持好与学生的良性关系,成为学校和学生间的连接纽带,是新时代下高等教育班主任工作面临的新课题。新时代高校班主任应树立以学生为中心的教育理念,实行以学生为中心的高校班级自我管理。学生经历了从高中到大学身份和环境的改变后,他们的身心特征均发生了相应的变化,一方面是自我对于新世界和成人意识的渴望,另一方面是脱离父母监督与自我管理相矛盾的问题伴随他们左右。新环境与心理的全面冲突对学生管理工作提出了巨大挑战。班主任有责任为学生创造良好的班级环境,服务学生的中长期发展,为学生的大学生活做好引领作用。

维持管理有效性和落实性制度是班级有效管理的关键。帮助学生快速适应新生活的基础便是有着一套符合新时代、新群体特点的班级管理方法。然而,一些学校在打造班级管理方法层面存在明显不足,仅仅依赖于辅导员日常管理。班级管理需以人为本,班主任要对班级进行全面引导,不可偏向于某一方面,如只抓纪律而忽视整体发展等。全面引导依靠管理中的有效沟通,在班级管理中,学生和老师的想法各有不同,要深入到学生群体中去,了解年轻群体的想法。现实是很多学校的班级管理工作因为沟通不畅,导致本可避免的问题反复出现,加之班主任缺乏有效的管理方法,没有认识到与学生群体沟通的规律性,往往使结果弄巧成拙。只有结合实际、结合当前形势、结合当前学生群体的普遍性,才能充分地规划班级管理工作,才能提高班级管理的效率。

一、建立协调育人的工作方式

党的十八大以来,习近平总书记立足于世界百年未有之大变局,着重强调我国高等学校思想政治教育的重要意义,提出了"三全育人"的新理念,并指出教育应把立德树人作为中心环节,让思想政治教育贯穿全程,努力开创我国高等教育新局面。"三全育人"旨在把所有的育人力量和育人资源充分调动起来,通过内部各个要素之间以及内外环境之间的物质、能量和信息的交换,构成育人系统,推动各方力量同向同行。面对新时代高校育人环境开放、育人思想多元、育人内容丰富、育人形式多样的现状,如何将"协同"理念运用于高校育人,以整合各方资源,形成协同育人合力,这是高校"三全育人"工作发展的必然趋势。对此,构建协同育人机制,离不开校内协同和校外联动两者有机结合的协同育人模式。新时代高校班主任要想抓好班级管理,单靠个人的力量是远远不够的,需要结合多方资源以形成合力。班主任和辅导员同是高等学校教师队伍中不可缺少的力量,是高校德育工作的先锋者,是大学生行为思想与学习道路上的引导人。

随着"三全育人"指导思想在高校的落实,高校"辅导员+班主任"协同育人新模式逐渐展开。协同育人针对当下高校育人大局下的现实意义是辅导员与班主任协同育人是学生思想政治教育应有之义。基于构建同向同行、相互联接的大思政格局和体系这一理念,辅导员与班主任协同育人是高校思想政治教育工作队伍建设的必由之路。辅导员是学校日常思想政治教育和管理工作的组织者、指导者、实施者;班主任是高校开展学生专业思想教育、加强班级管理的重要力量,肩负着在思想、学习和生活等方面指导学生的职责。辅导员和班主任之间确实存在着身份与功能上的差别,彼此承担着不同的培养教育职责,但其根本目标都是为人才培养保驾护航。通过辅导员与班主任协同育人,促进彼此的目标认同,聚焦学生思想政治教育,共同培育能够担当民族复兴大任的时代新人。

一是强化队伍建设,提升协同育人能力。教育改革,教师是关键。推进高校辅导员与班主任协同育人,首先要强化教师队伍建设。一方面,选聘优秀专业教师担任兼职班主任。学院选聘教授博导、专业负责人、师德先进个人、优秀主讲教师等专业教师担任兼职班主任,为本、硕、博全学段各个班级配备班主任,实现学生教育和班级管理全覆盖,并制定相应的班主任工作条例,做到有例可循,明确班主任的职责和定位,增加育人工作的针对性。另一方面,践行"双班主任"制度。在优秀专业教师担任班主任的基础上,选聘高层次人才担任本科生班主任顾问,通过班会、大讲堂等活动,切实发挥高层次人才在大学生思想教育中的示范引领作用。

二是打造工作平台,探索协同育人实践模式。探索班主任与辅导员协同育人的实践模式,要深刻把握思想政治工作规律、教书育人规律、学生成长规律,充分认识到"协同"不等于两部分工作"简单相加"或"交替进行",而是两大主体教育理念、方式方法、影响效果的交叉交融、合作联动和功能互补,是"知行合一"的实现形式。推进主题班会课程化,深化学生的价值塑造。主题班会是辅导员和班主任开展思想政治教育的重要方式之一,是对学生实施教育的一种基本手段。主题班会的主题课程化、过程规范化,是进一步强化高校班集体的组织形式的有效途径。应着力规范班会的设置,推进主题班会课程化建设。一方面,围绕学生教育主线,根据学生年龄、心理、专业特征,结合学生发展需求,对大学各阶段主题班会进行总体规划。另一方面,从学生的专业学习中的热点、难点问题出发,挖掘和提炼学生思想政治教育资源,以主题班会的形式落实课程化的内容,回应学生关切的问题,解答学生困惑。

三是探索协同育人学业指导机制,助力知识传授。通过班主任、辅导员和朋辈等人员与学生家长精准对接,时刻掌握学生的成长动态,家校齐发力,护航学生学业发展。随着中国特色社会主义进入新时代,社会主要矛盾发生了变化,思想政治教育工作思维方式也应与时俱进,拥抱新时代,践行新思想,实现新作为。高校要克服过去思想政治工作"单打独斗"思维,建立"协同作战"思维,探索协同育人模式,才能回应党和国家对高校思想政治教育的时代新要求。

二、创新班级管理,完善机制建设

高校班集体是传统教学的基本单位和大学生活的主要载体,也是大学生进行自我教育、自我管理、自我服务的重要组织。建设目标明确、积极向上、凝聚力强、机制健全、特色鲜明的新时代高校班集体,既能充分发挥大学生的朋辈效应,又能有力增强高校育人实效。随着人才培养需求的变化,我国高校班集体建设由初期更多承载教学功能向新时代更多聚焦思想政治教育、落实时代新人培育工程的育人使命转变。把握新时代高校班集体建设的变化与特点,结合当下学生成长特点和成才需求,厘清当前高校班集体建设的重点与面对的挑战,构建科学合理的高校班集体建设评价指标体系,对于提高高校人才培养质量和思想政治工作水平具有重要意义。

习近平总书记在全国教育大会上指出:"要努力构建德、智、体、美、劳全面培养的教育体系,形成更高水平的人才培养体系。"这为新时代高校班集体建设指标体系的构建指明了方向。高校班集体建设评价指标体系的主要内容应紧密围绕高水平人才培养体系的标准与成效展开,并落实到德、智、体、美、劳教育体系的各个环节之中。据此,可以将评价指标体系(班规)的主要内容划分为三个指标,主要涵盖示范性指标、成果性指标和延展性指标。

班级教育管理设定示范性指标呈现了新时代高校班集体建设的内在规律,突出了新时代高校班集体建设评价过程中可复制、可推广的方法与路径。设置班集体制度建设评价指标和班集体队伍建设指标,可以从顶层设计层面筑牢班集体建设根基,从人才培养层面聚焦组织能力提升路径,推动构建科学合理、具体完善、可持续发展的新时代高校班集体建设评价体系。

成果性指标是新时代高校班集体建设的外在显现,凸显了新时代高校班集体建设评价过程中可量化、可拓展的指标与内容。设置班集体学风建设评价指标,可以依托课堂到课率,英语四、六级考试通过率,创新创业成果数量,所获奖项数量、荣誉称号数量等指标进一步量化优秀班集体衡量标准。此外,应设置班集体组织建设评价指标,着力推进"党团班一体化"建设,充分发挥基层组织建设的协同育人合力。

延展性指标展现了新时代高校班集体建设的内容外延,彰显了新时代高校班集体建设评价过程中可创新、可辐射的平台与领域。设置班集体文化建设评价指标,着力推进班集体显性文化和隐性文化、物质文化和精神文化建设,进一步加强班集体的向心力、凝聚力、发展力和持续力。

三、注重对班干部的培养

在高校的日常思政教育工作中,班干部因其发挥着上情下达、下情上传的重要作用,是学生中的特殊群体。进入中国特色社会主义新时代,高校班主任更要紧密围绕"立德树人"根本任务,率先将班干部锻造为担当民族复兴的时代新人。班干部作为思政教育的前沿阵地,作为思想政治教育的特殊中坚力量,要充分发挥其思政前沿阵地的战斗堡垒作用。可见,新时代高校班干部选拔培养运用工作是培养德、智、体、美、劳全面发展的社会主义建设者和接班人的重要途径,更是着力培养时代新人的现实需要,促进学生全面发展的重要举措,强化高校学风建设的有力保障。

高校班级干部选拔的结果直接影响着班风学风建设、班级文化建设、班级凝聚力的形成、班级关系的和谐等各项工作质量。班干部选拔应从大一新生入学开始着手,新生班级需尽早组建班委会。选拔新生班干部时,要切实把好标准关,把整体素质好的同学选拔到学生干部队伍中来。

(1) 全面摸底,熟悉掌握新生的基本情况;详细了解每位学生过去的具体表现,如文化成绩、获奖情况、家庭经济、老师评价等。

(2) 公开竞选,真正发挥民主选举的实效性。坚持"德才兼备、任人唯贤"的原则,规范民主选举程序,广泛征求意见。

(3) 设置班干部试用期,试用期1~2个月为宜。班干部在试用期阶段,可实行轮岗工作制,以便于形成良性的竞争机制,增强班干部的危机意识和责任意识。每位班干部也可以在两个岗位上进行锻炼,让其尽快适应不同的职务,为进一步提高班干部的综合素质打下坚实的基础,全方位调动班干部的工作积极性和主动性。

新时代高校要强化班干部的考核与监督,建立完善的班干部工作日志制度、量化考核制度、民主测评制度、奖惩制度等多举并行的考核监督体系,逐步形成"优胜劣汰"的竞争机制,促使班干部真正激发出自身的潜能。首先,要完善考核机制。高校必须严格执行"能者上、庸者下"的原则,坚持"定量考核"与"定性考核"相结合。考核标准要统一、过程要严格、结果要公开,考核环节可分为班干部自我鉴定、个人述职、学生评议、老师评价等,努力做到考核评价体系规范化、系统化、合理化,通过考核评价调动班干部的工作热情、提高班干部工作效率。其次,要规范监督机制。建立全方位、多渠道的班干部监督机制,要分别建立班内同学监督机制、班干部互相监督机制等,并使之形成多维度、多视角、多层面的班干部监督机制。

四、树立目标,创造积极向上的班级环境

目标是对活动预期结果的主观设想,是在头脑中形成的一种主观意识形态,也是活动的预期目的,为活动指明方向。具有维系组织各个方面关系,构成系统组织方向核心的作用。

进入新时代以来,高等教育大众化和校园网的普及,对高校学生管理工作提出新要求,继续沿用以往工作模式已经无法适应时代发展需求,高校班主任应与时俱进,不断更新思想,使学生管理工作迈上一个新台阶,提升学生自我管理意识和能力。将目标管理应用到高校学生管理工作中,不仅可以提高学生管理工作效率,还能促进学生管理工作目标更快更好地达成大学新阶段新目标的确立。

在学生步入高校的这个关键时期,高校班主任帮助学生树立人生目标,引导他们以自己所学专业为背景,结合社会环境、行业需求、行业需求能力进行系统分析,尝试找到自己在社会中的准确定位,综合考虑社会理想与个人理想之后,既要满足本人的发展要求,又要满足社会的发展需求,也要满足人的全面发展与个性自由然后在社会中发展自我,创造人生价值。树立远大目标的同时,班主任切忌把目标意识当成一个口号,要真正帮助大学生实现目标。

与传统学生管理模式相比,目标管理充分体现了以学生为主、通过设置契合实际的管理工作目标,增加学生对目标管理的认同感,使其自觉加入管理体系,在增强学生自我管理意识的基础上,学生管理目标也能顺利达成。在目标引导上,除了要贴合实际情况以外,还要让目标成为学生学习和行动的指南,这就要求目标设置要遵循由易到难、层层递进原则,并在阶段性目标指导下,激发学生潜能,逐步朝着更大目标迈进。

人的需求呈现出递进性特征,在实现低级需求以后,会朝着高级需求迈进。而学生学习成长需要经历许多阶段,在完成这一阶段的目标后,学生要朝着更高层次目标发展。班主任在培养学生时,要杜绝一蹴而就的思想,根据学生身心发展规律来确立阶段性学生管理目标,然后按照不同阶段,将目标分解为多个小目标,并引导学生通过不断实现小目标,逐渐达成学生管理总体目标。遵循由易到难的原则,也就不会出现目标过大、直接放弃等状况。制定切合实际的目标,制定目标不仅是实施目标管理的基础环节,还是确定学生教育工作总目标的基本依据。

在实践中班主任可以根据自己制定的人才培养计划和具体实施情况,有科学性、针对性地给学生树立目标,以达到优化校风学风、维持良好校园秩序、提高办学质量等目的。设定目标要尽可能做到总体目标与个体目标、长期目标与短期目标相统一,目标设置要简明合理,避免因为目标冗长复杂而出现不易执行、理解错误

等状况。要设定目标时间期限。针对一些短期内能够达成的目标,要根据实际情况合理设定。设置目标涉及的细分目标非常多,每个目标的开展存在一定差异,要对每个学生的目标完成情况进行了解和追踪,形成对目标实施过程的动态化监控,及时发现目标实现过程中存在的超出规定期限、各项内容未落实等问题,并采取相应措施进行优化协调,保证各个目标的达成,从而形成良性循环。

第七章 高校班主任工作评估

高校班主任工作评估坚持基础工作与工作业绩相结合、定量考核与定性考核相结合的原则，注重班主任职责履行情况和工作实绩，确保公平、公正、公开。高校建立班主任考核评估体系目的是为了科学规范地对班主任工作进行标准量化考核，采取定量与定性有机结合的方法，以调动班主任的工作积极性，促进高校班主任队伍建设发展，提升高等教育质量。高校班主任工作评估要以过程与目标为导向，通过班主任考核体系为标准，对班主任工作过程进行考核，依据考核结果为班主任发放津贴与推荐评选荣誉称号，科学、合理的班主任考核体系不仅有利于班主任队伍建设，更能起到合理的导向和激励作用，从而提升高校班主任育人的积极性与育人实效性。

第一节 评估内容

高校班主任工作评估主要包括个人工作总结与自评、辅导员评议、学生评议、学院考核四个维度等内容。

一、个人工作总结与自评

个人工作总结与自评主要包括参加进修、学习情况，个人获奖情况，所带班级获得荣誉情况，所带班级学生获得荣誉情况等方面。

二、辅导员评议

辅导员评议主要包括政治思想与职业道德，指导班级工作，班风建设，学风建设，了解学生思想、学习和生活情况，学生思想政治教育，班级日常管理工作，组织第二课堂活动，后进学生及重点关注学生思想转化工作，完成上级工作任务情况等内容。

（一）政治思想与职业道德

评估的主要内容包括：第一，拥护党的领导，坚持四项基本原则，努力掌握做好学生思想政治工作的知识，有较高的思想觉悟和较好的工作方法；第二，为人真诚，品行端正，言行一致，表里如一，维护民族团结，敢于开展批评和自我批评；第三，热爱党的教育事业和班主任工作，真正做到教书育人，为人师表。

（二）指导班级工作

评估的主要内容包括：第一，建立健全班级学生干部组织，按期进行班委换届，指导班委制订工作计划，协助学生干部做好各项工作；第二，经常召开学生和学生干部会议，听取情况汇报，及时点评工作情况，注意协调学生之间的关系，帮助学生干部掌握如何做好工作的方式方法；第三，工作有计划、有想法、有办法，充分调动学生积极向上的进取精神，保证班级各项工作顺利开展。

（三）班风建设

评估的主要内容包括：第一，指导学生制定班级各项管理制度，创作班歌，设计班旗，凝练班级文化，培养学生之间团结、互助和友爱的意识，树立学生强烈的集体荣誉感；第二，带领学生参加文体活动，保证学生有良好的精神风貌，每月至少参加一次学生活动；第三，积极参与班级、团支部的各项评奖评优。

（四）学风建设

评估的主要内容包括：第一，定期检查督促学生的早晚自习，班级的早晚自习保持较高出勤率，自习效果良好；第二，帮助学生树立牢固的专业思想，使学生有明确的学习目标，班级有好的学习风气；第三，定期开展考风考纪教育，班级学生中无考试作弊现象；第四，每学期至少到所带班级课堂听课一次。

（五）了解学生思想、学习和生活情况

评估的主要内容包括：第一，经常深入到学生教室、宿舍了解学生思想、学习和生活的基本情况，耐心倾听学生的意见和要求，尽心尽职地为学生解疑答惑，努力帮助学生解决各种问题和困难，每周至少与学生谈一次话，每月深入学生宿舍不少于一次；第二，详细掌握每个学生的思想、学习、生活和家庭情况，做好学生的思想教育工作，及时记录学生各方面情况；第三，加强家校联系，经常向学生家长反映学生在校情况，讨论学生的教育方法，按要求完成每学期末家校联系单的填写和寄送。

(六) 学生思想政治教育

评估的主要内容包括:第一,开展学生爱党爱国教育,号召和动员班上学生加入中国共产党,递交入党申请书;第二,指导开展班级推优,协助学院做好积极分子的培养教育及发展党员工作;第三,协助团干部做好团员的思想教育工作和团的其他各项工作;第四,按照学校、学院的要求开展学生安全教育,组织安全教育活动;第五,定期召开主题班会,开展班级学生专题教育,引导学生形成健康文明的学习生活习惯,每月至少开一次班会。

(七) 班级日常管理工作

评估的主要内容包括:第一,督促检查班干部做好课堂考勤、晚自习考勤、早操考勤、卫生检查等工作;第二,做好学生的操行评定、评优、奖学金特困生补助等工作,工作中做到公平、公正、公开;第三,协同有关部门做好学生学籍管理、学费催缴、毕业生就业指导等工作;第四,维护好学生的安全稳定,遇突发事件能及时正确的处理。

(八) 组织第二课堂活动

评估的主要内容包括:第一,根据学生的特点与爱好,组织学生开展形式多样的第二课堂活动;第二,号召、动员学生参与学校的校园文化活动,保证第二课堂活动取得好的效果;第三,鼓励学生参与学校勤工俭学,鼓励学生到校内各级学生组织中担任学生干部。

(九) 后进学生及重点关注学生思想转化工作

一方面,把握后进学生的思想特点,采用针对性强的教育手段和方法,促使后进学生向好的方向转化;另一方面,深入了解学生,掌握学生情况,定期开展班级重点关注学生的排查,对需要重点关注的学生能采取有效措施及时进行干预、教育和引导。

(十) 完成上级工作任务情况

评估的主要内容包括:第一,认真履行班主任的工作职责,积极完成上级部门交给的各项工作,协同上级部门做好学生的思想政治教育和管理工作;第二,经常向学院领导和辅导员如实汇报班级情况,保证不发生各类重大事件;第三,按要求参加学校、学院的各类班主任培训及班主任相关的工作会议;第四,工作总结、班主任工作手册等相关记录材料齐全。

三、学生评议

学生评议方面,由班主任所带班级的学生对班主任的工作进行无记名打分,主要包括的内容为:第一,爱岗敬业、师德高尚、为人师表,具有奉献精神;第二,班主任对班级建设目标的规划及对班级建设的指导;第三,开展政治理论、安全、专业学习、考风考纪等方面的教育班级班风、学风、考风良好;第四,班主任深入课堂、宿舍,开展谈心活动,热心指导学生学业、生活、发展和就业,帮助解决学生心理困惑和实际问题;第五,指导开展班级各项评比活动,在评比工作中坚持公平、公正、公开原则;第六,工作能力和工作方法;第七,工作的积极性、主动性和及时性;第八,对班主任的信任度。

四、学院考核

学院考核领导小组根据班主任的实际履职情况和工作效果,进行评分。

第二节　评估方法

一、评估程序

班主任工作的评估以学年为单位,每学年评估一次。一般在每年的9、10月份进行,由学生工作部牵头,下发具体日程及工作安排,各学院组织实施。

(1)个人工作总结与自评。班主任按评估的内容和要求,认真总结本学年工作,并向所在学院评估小组提供个人的工作总结、工作手册等相关资料。填写《班主任工作考核表》(表7.1)和《班主任工作考核结果汇总表》(表7.3),进行自评。

(2)辅导员评议。由对应负责本班级的辅导员按照《班主任工作考核评议用表》对班主任进行评分。

(3)学生评议。学生评议由各学院组织进行,随机抽取班主任所带班级不少于20%的学生,采取无记名打分的方式,由学生按照《班主任工作考核学生评议用表》(表7.2)对班主任进行评分,然后取平均分值。

(4)学院考核。各学院考核领导小组根据班主任的实际履职情况和工作效果,按照《班主任工作考核评议用表》对班主任进行评分。

(5) 汇总备案。由各学院对考核结果进行汇总,经反馈本人,无异议后,报学生工作部审核,由学生工作部和人事处备案。

表7.1 班主任工作考核表

学院:(公章)＿＿＿＿＿　班主任姓名:＿＿＿＿＿　负责班级＿＿＿＿＿

序号	考核项目	考核内容	评分	本人自评	辅导员评议	学院领导小组评议
1	政治思想与职业道德（10分）	(1) 拥护党的领导,坚持四项基本原则,努力掌握做好学生思想政治工作的知识,有较高的思想觉悟和较好的工作方法 (2) 为人真诚,品行端正,言行一致,表里如一,维护民族团结,敢于开展批评和自我批评 (3) 热爱党的教育事业和班主任工作,真正做到教书育人,为人师表	优≥9 良≥8 中≥6 差<6			
2	指导班级工作（10分）	(1) 建立健全班级学生干部组织,按期进行班委换届,指导班委制订工作计划,协助学生干部做好各项工作 (2) 经常召开学生和学生干部会议,听取情况汇报,及时点评工作情况,注意协调学生之间的关系,帮助学生干部掌握如何做好工作的方式方法 (3) 工作有计划、有想法、有办法,充分调动学生积极向上的进取精神,保证班级各项工作顺利开展	优≥9 良≥8 中≥6 差<6			

续表

序号	考核项目	考核内容	评分	本人自评	辅导员评议	学院领导小组评议
3	班风建设（10分）	（1）指导学生制定班级各项管理制度，创作班歌，设计班旗，凝练班级文化，培养学生之间团结、互助和友爱的意识，树立学生强烈的集体荣誉感 （2）带领学生参加文体活动，保证学生有良好的精神风貌；每月至少参加一次学生活动 （3）积极参与班级、团支部的各项评奖评优	优≥9 良≥8 中≥6 差<6			
4	学风建设（10分）	（1）定期检查督促学生的"三早一晚"，班级的"三早一晚"保持较高出勤率，自习效果良好 （2）帮助学生树立牢固的专业思想，使学生有明确的学习目标，班级有好的学习风气 （3）定期开展考风考纪教育，班级学生中无考试作弊现象 （4）每学期至少到所带班级课堂听课一次	优≥9 良≥8 中≥6 差<6			
5	了解学生思想、学习和生活情况（10分）	（1）经常深入到学生教室、宿舍了解学生思想、学习和生活的基本情况，耐心倾听学生的意见和要求，尽心尽职地为学生解疑答惑，努力帮助学生解决各种问题和困难，每周至少与学生谈一次话，每月深入学生宿舍不少于一次 （2）详细掌握每个学生的思想、学习、生活和家庭情况，做好学生的思想教育工作，及时记载学生各方面情况 （3）加强家校联系，经常向学生家长反映学生在校情况，讨论学生的教育方法；按要求完成每学期末家校联系单的填写和寄送	优≥9 良≥8 中≥6 差<6			

续表

序号	考核项目	考核内容	评分	本人自评	辅导员评议	学院领导小组评议
6	学生思想政治教育（10分）	（1）开展学生爱党爱国教育,号召和动员班上学生加入中国共产党,递交入党申请书 （2）指导开展班级推优,协助学院做好积极分子的培养教育及发展党员工作 （3）协助团干部做好团员的思想教育工作和团的其他各项工作 （4）按照学校、学院的要求开展学生安全教育,组织安全教育活动 （5）定期召开主题班会,开展班级学生专题教育,引导学生形成健康文明的学习生活习惯。每月至少开一次班会	优≥9 良≥8 中≥6 差<6			
7	班级日常管理工作（10分）	（1）督促检查班干部做好课堂考勤、晚自习考勤、早操考勤、卫生检查等工作 （2）做好学生的操行评定、评优、奖学金特困生补助等工作,工作中做到公平、公正、公开 （3）协同有关部门做好学生学籍管理、学费催缴、毕业生就业指导等工作 （4）维护好学生的安全稳定,遇突发事件能及时正确的处理	优≥9 良≥8 中≥6 差<6			
8	组织第二课堂活动（10分）	（1）根据学生的特点与爱好,组织学生开展形式多样的第二课堂活动 （2）号召、动员学生参与学校的校园文化活动,保证第二课堂活动取得好的效果 （3）鼓励学生参与学校勤工俭学,鼓励学生到校内各级学生组织中担任学生干部	优≥9 良≥8 中≥6 差<6			

续表

序号	考核项目	考核内容	评分	本人自评	辅导员评议	学院领导小组评议
9	后进学生及重点关注学生思想转化工作（10分）	（1）把握后进学生的思想特点，采用针对性强的教育手段和方法，促使后进学生向好的方向转化 （2）深入了解学生，掌握学生情况，定期开展班级重点关注学生的排查，对需要重点关注的学生能采取有效措施及时进行干预、教育和引导	优≥9 良≥8 中≥6 差<6			
10	完成上级工作任务情况（10分）	（1）认真履行班主任的工作职责，积极完成上级部门交给的各项工作，协同上级部门做好学生的思想政治教育和管理工作 （2）经常向学院领导和辅导员如实汇报班级情况，保证不发生各类重大事件 （3）按要求参加学校、学院的各类班主任培训及班主任相关的工作会议 （4）工作总结、班主任工作手册等相关记录材料齐全	优≥9 良≥8 中≥6 差<6			

班主任签名：　　　　　　　　　　评议时间：　　年　　月　　日

辅导员签名：　　　　　　　　　　评议时间：　　年　　月　　日

学院负责人签名：　　　　　　　　评议时间：　　年　　月　　日

表7.2 班主任工作考核学生评议用表

被评议人：　　　　所在部门：　　　　负责班级：　　　　填表时间：　　年　　月　　日

序号	评议内容	等级得分				得分
		非常满意	满意	基本满意	不满意	
1	爱岗敬业、师德高尚、为人师表、具有奉献精神（10分）	≥9	≥8	≥6	<6	
2	班主任对班级建设目标的规划及对班级建设的指导（10分）	≥9	≥8	≥6	<6	
3	开展政治理论、安全、专业学习、考风考纪等方面的教育，班级班风、学风、考风良好（20分）	≥9	≥8	≥6	<6	
4	班主任深入课堂、宿舍，开展谈心活动，热心指导学生学业、生活、发展和就业，帮助解决学生心理困惑和实际问题（20分）	≥9	≥8	≥6	<6	
5	指导开展班级各项评比活动，在评比工作中坚持公平、公正、公开原则（10分）	≥9	≥8	≥6	<6	
6	工作能力和工作方法（10分）	≥9	≥8	≥6	<6	
7	工作的积极性、主动性和及时性（10分）	≥9	≥8	≥6	<6	
8	你对班主任的信任度（10分）	≥9	≥8	≥6	<6	
	总　　分					

表7.3 班主任工作考核结果汇总表

学院:(盖章)　　　　考核时限:　　　学年度　　　填表时间:　　　年　　月　　日

序号	班主任姓名	负责班级	本人自评分数	年级辅导员评议平均分	学生评议平均分	学院领导小组评议平均分	综合评分	评定等级
1								
2								
3								
4								
5								
6								
7								

二、评估标准

第一,班主任的考核包括工作态度、工作能力和工作实绩三个方面。

第二,评估成绩实行百分制,由个人自评、辅导员评议、学生代表评议、院级考核领导小组评议四部分组成。其权重如下:个人自评20%、年级辅导员评议20%、学生代表评议20%、领导小组考核40%。

第三,班主任考核分为优秀、良好、合格和不合格四个等级。

(1) 考核评议分90分以上(含90分),且排名在所在学院参评班主任总数前30%的可以确定为"优秀"等级。但考核中存在以下情况之一的,考核等级不能确定为优秀:

① 班主任会议或培训无故缺席一学年累计两次及以上的;
② 《班主任工作手册》填写不认真、不完整的;
③ 在班主任岗位上工作不满一年的;
④ 学生测评满意度低于85分的;
⑤ 一学年累计因病因事离开本职岗位30天以上的;
⑥ 所带班级出现重大违纪或重大安全事件的;
⑦ 所带班级学生干部、党员出现违纪行为的。

具备以下情况之一者,在同等条件下可以优先确定为"优秀"等级:

① 所带班级获校级以上表彰的;
② 所带班级学生中有获区级以上表彰的;

③ 在维护校园稳定等方面做出突出贡献,受到学校表彰的。

(2) 考核评议分为80~89分(含80分)确定为"良好"等级。

(3) 考核评议分为60~79分(含60分)确定为"合格"等级。

(4) 考核评议分低于60分,或者具有下列情况之一的,考核结果确定为"不合格":

① 在事关政治原则、政治立场和政治方向问题上不能与党中央保持一致,在师生中散布反对四项基本原则、影响校园和社会安定言论的;

② 拒不接受工作任务或未能按时完成组织交给的工作任务,一个学年累计达3次及以上的;

③ 所带班级或班级学生中有因疏于教育、管理导致所带班级学生发生严重违纪现象或较大责任事故,造成恶劣影响的;

④ 所带班级发生突发事件,在正常情况下未能及时到达现场并妥善处理的;

⑤ 受到党纪、政纪、校纪处分及治安或刑事处罚的;

⑥ 在学生党员发展、评优、评奖和学生资助等工作中不负责任,存在弄虚作假行为的;

⑦ 对学生中的违纪行为隐瞒不报、故意包庇或纵容学生违纪的;

⑧ 严重违背师德规范和岗位职责要求,不能为人师表,在学生中威信较差,学生评议满意率低于参评学生人50%的;

⑨ 工作责任心不强,组织纪律性较差,一个学年累计5次及以上无正当理由不参加校(院)工作会议或培训的;

⑩ 拒不填写、不上交《班主任工作手册》的。

第三节 评估效果

一、考核结果的使用

(1) 班主任工作考核结果作为年度考核、提拔晋升、评优奖励、进修学习和津贴发放的重要依据之一,要存入本人工作档案。对工作严重失职造成不良后果的班主任,将按照学校有关文件规定进行责任追究。

(2) 学校每学年度对优秀班主任进行表彰奖励。凡考核结果为合格以上的,全额享受班主任津贴;考核结果为不合格的,发放70%的班主任津贴,并解除其岗位聘任,当年不得晋升高一级专业技术职称。

(3) 参与职称评审需有两年以上的班主任工作经历,且班主任工作考核结果均需在合格以上。

(4) 学校每学年为班主任发放一定的工作津贴,津贴由党委学生工作部根据班主任实际在岗情况、工作业绩和考核结果于年终统一发放。

二、评估效果

(一) 发挥班主任工作评价效果的必要条件

1. 树立正确的评估意识

学校要高度重视班主任工作评估,把这一项工作作为学校教育和管理工作的重要组成部分。要通过宣传、学习和讨论等形式,提高全校班主任教师的认识,使其充分认识到班主任评估的意义和作用,树立全员参与的意识。只有全校上下对班主任工作评估形成统一的认识,认识到评估对学校工作的提高作用,才能把评估看作一种内在的需要,从"要我评估"变为"我要评估",从而克服消极情绪,端正态度,积极配合和参与评估,形成一种良好的评估机制。

2. 组建高水平的评估领导小组

为使班主任工作评估能有领导、有组织、有序而健康地开展起来,学校必须建立班主任工作评估领导小组,认真组织评估人员学习和研究评估的一般理论和方法,使其熟悉评估的理论和方法,掌握评估的程序和规则,明确评估的具体要求,制定出具体可行的评估细则,组织学校各院系按照既定的程序,对全校班主任工作实施全面的评估。组建高水平的评估领导小组是保证班主任工作评估顺利健康地展开、实现其评估功能的重要环节。

3. 建立科学的评估指标体系

班主任工作评估指标体系是依据学校教育目标和管理目标(即工作目标)分解制定的,可以说,班主任评估的标准和指标体系即为工作目标和管理目标的细分化、具体化、可操作化。

班主任工作评估指标体系是评估指导思想、指导原则、评估内容与要求的具体体现,对评估工作起着统揽全局的作用。构建科学合理的班主任工作评估标指标体系是学校实施客观、公正、有效评估的依据和前提。

指标体系如何确定是关系到把班主任的工作引到什么方向去的大问题,也是直接关系到评估结果能否真实的大问题。

多年来,由于缺乏科学的评估指标体系,评估工作带有很大的主观性、随意性,评估难以对班主任做出切合实际的评价,绩效好的得不到肯定和鼓励,绩效差的也受不到监督批评,其结果评估的功能不能实现,也给班主任工作带来不利。因此,为保证评估工作的顺利进行,充分发挥评估的功能,必须建立一套科学的、可行的评估指标体系。科学合理的评估标准指标体系是学校实现客观、公正、有效评估的前提,也是防止评估工作出现主观、武断或随心所欲的依据。建立科学合理的班主任工作评估指标体系,应根据学校总体目标和班主任工作的特点及岗位职责的要求,把学校的要求和班主任工作的各个方面科学合理地分解到每个工作岗位,做到既明确所应履行的职责又要有量化的硬指标,尽量减少不确定因素。根据不同的加权系数制定标准,有针对性地突出重点;并应选用覆盖面大、信息量大、最能反映班主任工作状况和成效的指标,构建以工作实绩为主的多指标、多角度相结合的评估指标体系,保证班主任评估的科学性和可行性。

4. 建立客观公正的评估制度

班主任工作评估具有鉴定、导向、管理等功能,一旦开展其结果势必对班主任工作管理、奖惩的实施、教师的升迁及人才的选拔等发挥重要的作用,与被评班主任的切身利益攸关。因此,对班主任工作评估的结果必须尽可能的客观、准确,符合实际。

班主任工作结果的可靠是以评估过程的规范、科学、实事求是为前提的。要保证班主任工作评估结果的客观公正和评估过程的规范科学,就必须建立健全班主任工作评估制度。建立规范而科学的班主任工作评估制度,既是加强班主任工作管理的有效手段之一,也是班主任工作评估健康有效开展的根本保证,还是班主任工作评估科学化程度的重要标志,对班主任工作评估的科学化和健康、规范地发展及其评估功能的有效发挥具有重要的意义。

建立健全班主任工作评估制度,还应根据学校教学和管理的总体目标建立班主任岗位目标责任制、聘任制、奖惩制等配套措施和制度,把班主任工作评估纳入正常化、制度化、规范化的轨道,从制度上保证班主任工作评估的健康顺利进行。

5. 合理运用评估结果,建立竞争、激励、约束机制

合理运用评估结果,是实现评估目的的关键所在,可改善班主任工作,使其更加符合国家的教育方针,更加符合学校的培养目标,满足社会的需要。这就是班主任工作评估的改进功能。

班主任工作评估改进功能的发挥建立在全面、准确、真实地了解班主任工作状况的基础上。在评估过程中,通过对班主任工作信息的鉴别、筛选、分析、综合、加工等环节,将班主任工作中某些方面的真实情况准确地呈现出来,据此找出现状与目标的偏离程度,找到学校管理活动中存在的问题与症结,并及时地将处理后的信

息反馈给管理层和班主任发挥管理调控和自主调控的作用,有的放矢地改进管理工作,改善教育行为。

班主任工作评估的改进功能,具有多方面的积极作用,如对工作方法的改进、对自身素质的提高、对学生学习质量的提高、对班风的改进等。改进既可以是宏观的,也可以是微观的。只有加强评估工作的针对性,着眼于解决问题,才能更好地发挥班主任工作评估的改进功能,达到评估的目的。

(二) 评估效果

1. 定向指挥效果

评估的内容及其标准根据人才培养方案和学生工作要求制定,体现了考核目的与育人情况相结合的特点。在班主任工作评估中有什么样的评估内容,班主任就会注重什么方面的工作;有什么样的评估标准,班主任就会向什么样的方向努力。也就是说,评什么、怎么评,将有力地引导班主任在教育和管理学生工作中做什么、怎么做。因此,评估具有指导班主任工作方向的作用,这就是班主任工作评估的定向指挥效果。评估体系对全院师生产生引导性和"指挥棒"的作用,评估标准成为师生共同追求的目标,扣分内容则是师生极力避免的。

从管理学角度讲,评估指标即管理目标。只有目标明确,行动方向才能明确。在实践中,评估指标体系也是衡量班级管理建设的重要方式。在实践中,每一次评估班主任总是有意或无意地向指标要求靠拢,班主任的工作或管理活动不仅会趋向学校教育、教学或管理的目标,而且还会督促班主任在原有的水平层次上提高自己的工作能力。由此可见,学校只有通过班主任工作评估,跟踪被评班主任达到目标的程度,才能给予他们适当的奖励,并进行有针对性的正确指导以促进工作。

2. 管理效果

根据评估指标系统地进行定期评估评定,由此可区分出各班主任的班级管理水平,找出差距,明确定位。更重要的是班主任可以在班级管理上扬长避短,有针对性地促进班级管理改革的成效。学校对班主任工作进行管理的目的就是要保证和激励广大班主任教师的工作积极性,提高教育工作的质量和效益。而要达成这一目的除了通过学校的政策和规章制度来行使管理职能外,还必须通过评估这一手段来调控、激励管理的对象。

班主任工作评估可以在宏观上加强对班主任及其工作的监督与管理,并通过信息的收集和反馈,获得工作的过程和结果的信息,从而为学校调控和管理班主任工作服务,这就是班主任工作评估的管理效果。班主任工作评估对被评班主任之所以有检查、督促的作用,是因为班主任工作评估总是将被评者与评估目标进行比较,以确定其是否达到目标以及达到目标的程度,这就体现了其检查效果。学校就是通过班主任工作评估,实现其对全校班主任工作的宏观、科学管理。

3. 督促、激励效果

少数教师职称晋升后,不愿再承担班主任工作,或勉强承担后,工作存在落实不到位的现象,造成推进工作存在困难。科学的评估办法能充分调动教师的主观能动性和工作积极性,可以对班主任工作人员在教育和管理活动中所付出的劳动和所取得的成就给予充分的肯定,对其中成绩卓著者给予适当奖励,以激励班主任全身心地投入工作,提高班级管理水平和工作效率。实行量化评估后,班主任的言行更加规范,真正做到了为人师表、率先垂范,学生整体素质明显提高,学院班风、学风得到明显改善。

班主任工作评估之所以具有督促、激励功能,是因为学校对班主任工作的评估实质上是学校从外部给班主任的思想和行为施加的一种制约作用。学校的肯定性评估会使班主任得到鼓励和鞭策,为其带来愉悦感,从而进一步强化其原有的动机和行为;而学校的否定性评估会给班主任造成一定的压力,迫使他们重新审视自己的言行,并采取相应的调整行为。班主任工作评估总是找出被评估对象与目标的差距,使其明确今后努力的方向和途径,督促被评价对象朝着评估目标前进,这就体现了它的督促作用。

因此,评估作为一种外部的动力,对于激发班主任的积极性,督促、激励他们正确的思想言行,具有积极的能动作用。

4. 问题改进效果

评估结果在一定程度上具有改进班级问题的效果,通过对班级情况的评估,以及班级之间指标相对照,可诊断出问题所在。考核、评定的过程实质上就是对班级工作进行分析的过程,对提高班级工作质量具有重要的意义。班主任工作评估的目的就是为了改进班主任工作,提高班主任工作的质量。由此可见,问题改进也是班主任工作评估的一个重要效果。通过班主任工作评估,可以获得有关班主任教育和管理学生活动的效果信息,并将这个信息反馈用以去改善班主任工作,使其更加符合国家的教育方针,更加符合学校的培养目标,满足社会的需要。这就是班主任工作评估的问题改进效果。

班主任工作评估问题改进效果的发挥,建立在全面、准确、真实地了解班主任工作状况的基础上。在评估过程中,通过对班主任工作信息的鉴别、筛选、分析、综合、加工等环节,将班主任工作中某些方面的真实情况准确的呈现出来,据此找出现状与目标的偏离程度,找到学校管理活动中存在的问题与症结并及时地将处理后的信息反馈给管理层和班主任,发挥管理调控和自主调控的作用,有的放矢地改进管理工作,改善教育行为。

班主任工作评估的问题改进功能具有多方面的积极作用,如对工作方法的改进、对自己素质的提高、对学生学习质量的提高、对班风的改进等。改进既可以是宏观的,也可以是微观的。只要加强评估工作的针对性,着眼于解决问题,就能更好地发挥班主任工作评估的改进效果,达到评估的目的。

5. 鉴定效果

从班主任工作评估的性质来说,价值判断是班主任工作评估的本质特征,班主任工作评估就是要对被评班主任及其工作的价值做出判断,也就是要对班主任及其工作的状态和结果进行判断。

通过评估,学校可以鉴定被评班主任工作是否达到工作目标,判断出他们的工作是否完成了学校的任务,并在多大程度上满足了学校教育及管理的需要,为进一步展开班主任工作提供依据。通过评估,学校还可以对被评班主任及其工作做出正确的比较,区别他们达到工作要求的程度和差距。

任何评估总是包含着比较班主任工作评估的过程也就是进行比较的过程。在班主任工作评估过程中,学校按照一定的标准对班主任进行比较,经过综合分析后做出鉴定和判断。作为评估主体的学校,只有根据特定的价值标准去进行比较,才具有评估的意义。因为大学班主任工作评估的根本目的在于改进和提高班主任工作的质量,而不仅仅是为了区分高低,所以在大学班主任工作评估过程中,切不可将评估与评优完全等同起来。

第八章 高校班主任年级工作要点

第一节 大一年级工作要点

一、工作目标：帮助学生角色转变，做好大学人生规划

在全面掌握学生基本情况的基础上，帮助学生尽快了解学校的校训、校风、校情、校史，熟悉大学校园文化，熟知《桂林理工大学学生手册》和大学学习生活中必须遵守的学生规范，明确学校人才培养机制和培养目标；帮助学生充分认识大学学习生活基本规律；帮助学生尽快了解专业背景，做好专业思想教育；帮助学生明确大学的学习目标，做好"一年级转变，二年级奋发，三年级拼搏，四年级腾飞"的阶段性人生规划；帮助学生逐步养成良好的学习和生活习惯，尽快完成从中学生向大学生的全面转变。

二、工作重点

（1）新生入学教育。协助做好新生入学工作，尽快适应大学生活，开好新生见面会，开展校训、校情、校风、校史教育，引导学生尽快熟悉大学生活。

（2）学生军训工作。以军训工作为载体，开展素质养成教育。

（3）班委的选拔和培养。选拔品学兼优、业务能力突出的学生作为班团干部，进行重点培养。充分发挥学生干部作用，优化班级日常管理工作。

（4）学校安全稳定工作。新生入校后，做好卫生、消防、防灾、防骗、反诈、禁毒等安全及突发事件处置常识的教育，对家庭经济困难、学习基础薄弱、心理素质较差等重点学生建立工作档案，做好引导教育工作。

（5）班风、学风建设工作。以创建优良学风、班风为目标，教育学生"创建先进集体，争当先进个人"，营造学院良好学习氛围。通过专业讲座、学习经验交流等，

开展专业思想教育,明确学生学习目标、激发其学习兴趣。

(6) 日常管理工作。做好学生的奖、勤、助、贷、补等工作,扎实细致做好早晚自习、课堂监督、在校统计等工作环节,坚持长假前进行安全教育。进教室、进宿舍,多方位管理。

(7) 校园文化建设工作。以学生全面成才为目标,以校园文化活动为载体,营造清新健康、积极向上校园文化氛围。

(8) 职业规划的引导与教育。开展大学生职业生涯规划教育,使学生尽快适应大学生活、找准奋斗目标、规划自己人生,帮助学生树立科学的成才观和就业观,做好学业规划,不断提升就业竞争力。

(9) 心理健康工作。做好心理健康普查和档案建设与管理工作,重点关注可能存在心理问题的学生,并对已确诊的心理问题学生采取相应措施;同时进行形式多样的心理健康教育。

(10) 转专业工作。做好新生的专业引导和专业教育,让学生正确、客观认识专业,在转专业中理性平和,避免盲从。

(11) 完成首次贫困生认定工作,开展好助学金、学费减免等评选。

三、工作难点

(1) 帮助学生完成从中学生到大学生的角色转变,培养学生成才意识,树立积极向上的大学学习、生活态度。

(2) 尽快了解每一位学生的基本情况,建立工作档案。

(3) 帮助学生了解专业前景,树立正确的专业思想,培养学生学习兴趣。

(4) 做好家庭经济困难学生认定工作,帮助家庭经济困难学生缓解后顾之忧,开展感恩教育和心理疏导,激发学习动力。

(5) 做好学生干部培训工作,科学规范地配备好班团干部,充分发挥干部作用,建立学生工作管理梯队。

(6) 掌握基本的工作方法和技巧,尽快拉近与学生之间的距离。

四、日常工作安排

以下以两周为单位对班主任工作内容进行规划,并以桂林理工大学的相关做法为例进行讲解(表8.1～表8.20)。

表 8.1 大一年级工作要点

（秋季学期：第 1~2 周）

工作重点	引导新生尽快适应大学新生活
工作目标	帮助指导大一新生尽快熟悉新学校、新环境，学会独立生活和适应集体住宿，处理好班级和宿舍人际关系，尽快实现由中学生到大学生的角色转变
主要内容	① 迎新准备工作，与年级辅导员联系，获取新生资料并熟悉相关信息，加入到新生班级群，与班级学生建立初步联系 ② 参加新生见面会和走访宿舍，引导新生使用易班APP ③ 通过观察群内班级学生主动性和活跃度，选拔任命班级临时负责人 ④ 积极参加新生开学典礼和军训开训典礼
温馨提示	① 要及时掌握学生基本情况，如班级人数、男女生人数、生源地、宿舍号、家长联系方式、家庭经济情况、学生QQ号和电话号码、有无受政府或其他社会组织资助、是否信教等 ② 注册报到完毕后，建议在当晚走访学生宿舍，查看学生住宿生活安置情况
相关知识链接	① 校史校情和学院基本情况 ②《桂林理工大学××级新生启航计划实施方案》 ③ 易班APP：易班是提供教育教学、生活服务、文化娱乐的综合性互动社区。该平台加入了为在校师生定制的教育信息化一站式服务功能，并支持WEB、手机客户端等多种访问形式。该平台中积聚了丰富多彩的校园文化活动，是全国教育系统的知名文化品牌。各大手机的应用商店均有下载，下载后注册认证即可使用

表 8.2 大一年级工作要点

（秋季学期：第 3~4 周）

工作重点	协助完成新生入学教育，引导学生平稳过渡
工作目标	引导学生尽快进入大学生角色，学习好《桂林理工大学学生手册》，针对家庭经济困难学生进行认定，帮助新生顺利通过军训

续表

主要内容	① 引导学生适应大学生活,转变角色 ② 指导学生学习《桂林理工大学学生手册》,积极备考《桂林理工大学学生手册》考试 ③ 推选或指定班级临时负责人,临时负责班级相关工作 ④ 指导开展家庭经济困难学生认定,指导学生填写相关材料和证明 ⑤ 关注学生军训情况,关心因身体原因不能参加军训的同学 ⑥ 开展"十一"假期安全教育,假期前开展主题班会,强调离校前需办理离校请假手续,回家、返校路上安全事宜,强调不回家学生出游安全事宜
温馨提示	① 要及时更新入校后学生基本情况,如班级人数、新生联系方式、宿舍号、家长联系方式、家庭经济情况、学生QQ号等 ② 军训期间,建议不定期走访学生宿舍,查看学生军训情况 ③ 新生第一次开展家庭经济困难学生认定,可能存在诸多不懂事宜,希望班主任学习相关文件和要求,积极参与指导认定工作
相关知识链接	① 学校发放给班主任的最新版《桂林理工大学学生手册》 ② 《桂林理工大学家庭经济困难学生认定和资助办法》,学生手册里有详细说明

表8.3 大一年级工作要点

(秋季学期:第5~6周)

工作重点	大学学习方法介绍,引导学生丰富大学生活
工作目标	引导学生掌握大学学习方法,把握学生上课后思想动态,组建好班团组织,培养新生的班级集体荣誉感,引导新生正确看待助学金的意义,对新生进行感恩教育和爱国教育
主要内容	① 大学学习方法介绍,大学上课、休息等相关要求,引导学生合理分配时间 ② 了解掌握学生思想状况 ③ 班团组织构建,组建班级班委,积极引导班委开展班级工作 ④ 协助助学金评定工作

续表

温馨提示	① 注重强调大学学习生活与高中学习生活的差别,引导学生利用好空余时间,规划好自身每周的学习生活 ② 选拔好班委成员,充分利用好班委的带动和引领作用,培养班委的责任意识和集体荣誉感 ③ 引导班级同学积极参加各类学生组织和兴趣社团,鼓励他们丰富自身的大学生活
相关知识链接	①《班主任工作手册》中对班团组织构建的相关要求 ②《桂林理工大学家庭经济困难学生认定和资助办法》,学生手册里有详细说明

表8.4 大一年级工作要点

(秋季学期:第7~8周)

工作重点	指导学生做好大学生活规划
工作目标	① 帮助指导大一新生养成良好的宿舍卫生习惯,增强宿舍安全意识,杜绝宿舍安全事件的发生,消除安全隐患 ② 增强大一新生体育锻炼意识,引导大一新生积极参加体育锻炼,提高体质测试成绩 ③ 帮助指导大一新生做好大学生活规划,明确自身奋斗目标,学会独立生活,学会管理时间,提高学习、生活质量
主要内容	① 宿舍卫生及安全,召开"宿舍卫生及安全"主题班会,引导学生学习掌握基本的宿舍安全知识,构建良好的宿舍人际关系 ② 引导学生参加体育锻炼,做好体质测试,引导学生学习相关文件精神,增强大一新生体育锻炼意识 ③ 指导学生做好大学生活规划,召开以"大学生活规划"为主题的班会,引导学生充分认识自己、明确自身的优缺点、关注社会发展、确立奋斗目标,围绕奋斗目标做好大学生活规划

续表

温馨提示	① 引导学生按照突发事件处理流程处理宿舍安全事件 ② 深入学生,及时掌握学生体质情况,尤其是对于身体有异常情况的更要及时关注 ③ 引导学生做自我规划时重视大一阶段基础能力的培养,如沟通交流能力、表达能力、管理能力等
相关知识链接	①《桂林理工大学学生住宿管理规定》(桂理工学〔2017〕47 号) ②《桂林理工大学关于进一步加强和改进大学生体育工作的实施意见》(桂理工学〔2014〕49 号)

表 8.5　大一年级工作要点

(秋季学期:第 9~10 周)

工作重点	关注学生心理普测,引导学生积极向党组织靠拢
工作目标	① 增强大一新生心理普查意识,引导大一新生积极参加心理普查,了解自身心理健康情况 ② 了解特殊状况学生的基本情况,及时做好教育跟进工作,促进学生良性发展 ③ 积极宣传党的路线、方针、政策,培养学生优良的思想道德素质,引导学生积极向党组织靠拢
主要内容	① 指导学生参加心理普查,关注班级学生心理普查结果,密切关注普查结果异常学生的日常行为表现;发现问题及时上报年级辅导员或学校心理咨询中心 ② 关注特殊状况学生,与学生家长、年级辅导员一道共同做好特殊状况学生的教育引导工作,促进学生良性发展 ③ 引导学生积极向党组织靠拢,充分利用易班 APP、QQ、微信等新媒体宣传党在新时期的路线、方针、政策,引导学生将个人发展与国家的发展结合起来,增强学生爱党、爱国意识,培养学生高尚的道德情操

续表

温馨提示	① 要引导学生务必按照心理普查的相关要求进行测试,根据自身实际情况回答相关问题,避免无效测试出现 ② 《普通高等学校学生党建工作标准》中指出要控制党员数量,提高党员质量,班主任要引导学生早做准备,积极创造条件,一步步向党组织靠拢
相关知识链接	① 中国大学生心理健康测评系统(http://xinli.gzedu.com/);桂林理工大学24小时心晴热线:2311252;桂林理工大学心理咨询中心:3560521 ② 《大学生入党积极分子培训教程》 ③ 《桂林理工大学推荐优秀团员作为党的发展对象工作细则》(桂理工党组〔2012〕9号)

表8.6 大一年级工作要点

(秋季学期:第 11~12 周)

工作重点	认识英语四级,期中总结和评估
工作目标	① 对期中工作进行总结、评估,整理班级建设相关材料,发现班级建设问题,推进班级建设工作向前发展 ② 培养大一新生良好的英语学习能力,养成良好的英语学习习惯,掌握英语四级的应试技巧,提高班级英语四级初次通过率 ③ 增强大一新生安全意识,提高安全预判能力,杜绝安全事件发生,消除安全隐患,构建平安和谐校园,重点开展宿舍用电、防火安全教育
主要内容	① 开展安全教育,召开"安全教育"主题班会,结合历年安全事件,教育学生禁止在宿舍使用大功率电器、私自改装线路、乱拉电线、使用明火(包括蚊香、吸烟、点蜡烛)等,教育学生离开宿舍时要断开电源插座上的用电器(充电器) ② 期中总结和评估,召开班委会议,整理班级建设的相关材料,听取各班委对班级各项工作的总结及建议,及时发现班级建设存在的问题 ③ 英语学习能力培养,开展英语四级冲刺动员,组织召开班级英语学习交流会,邀请高年级英语四级成绩较好的学生介绍大学英语学习方法,传授英语四级应试技巧,提高英语四级初次通过率

续表

温馨提示	① 安全教育要防小杜微,经常走访学生宿舍,一旦发现学生有违规行为,要及时予以制止,防范安全事件发生 ② 英语学习重在日常积累,掌握必要的应试技巧对提高英语四级成绩也极为重要 ③ 期中总结要直面班级建设存在的问题,找准根源,及时予以解决
相关知识链接	① 安全教育案例集 ②《桂林理工大学"优良学风班"创建考评办法》(桂理工学〔2017〕40号) ③ 英语学习方法相关书籍

表8.7 大一年级工作要点

(秋季学期:第 13~14 周)

工作重点	学生自我管理教育,文明礼仪教育和安全教育
工作目标	① 帮助学生顺利完成角色转型,适应大学学习生活 ② 强化学生文明礼仪教育,提升学生综合素质 ③ 加强学生安全持续教育,关注学生网络与金融安全
主要内容	① 引导学生重视自我管理教育,提高自我管理的意识;大学期间自我管理主要是学习生活的管理,包括时间管理、目标管理、人际关系管理等 ② 充分发挥校园的教育功能,提高学生文明礼仪修养;积极开展文明礼仪教育,促进学生文明习惯的养成;发挥教师的榜样作用,营造文明礼仪新气象 ③ 重点加强防范诈骗、预防传销、防火防盗、交通出行、饮食健康、网络安全以及金融安全教育
温馨提示	① 准确掌握班级学生基本信息与实时动态,分层次、分阶段关注重点学生群体 ② 文明礼仪教育要做到日常教育与课堂教育相结合,熟知学校相关校纪校规 ③ 安全教育是新生教育的重要组成部分,加强各类安全教育的同时必须进行必要的排查工作,特别是私自外宿、校园贷款等情况

	续表
相关知识链接	①《桂林理工大学学生日常行为规范》(桂理工学〔2017〕46号) ②《大学生安全教育教程》(王赣华,高等教育出版社) ③《桂林理工大学学生安全教育及管理暂行规定》(桂理工学〔2011〕50号) ④《关于进一步加强校园贷规范管理工作的通知》(银监发〔2017〕26号)

表8.8 大一年级工作要点

(秋季学期:第15~16周)

工作重点	指导学生进行期末专业复习,加强学生考风考纪和诚信教育
工作目标	① 指导学生合理安排期末专业复习计划及复习方法,让学生学会复习,进一步提高复习效率 ② 大一学生考风考纪和诚信教育是新生入学教育的重要举措,引导学生诚信做人
主要内容	① 班主任需要了解所带班级所学专业课程,特别是重点与难点课程,提升新生对专业的认识,强化专业认同感教育 ② 大一学生期末复习需要建立在日常引导的基础上,重点教会学生行之有效的学习方法,如帮助学生制订复习计划、掌握专业考试的重点与难点、了解期末考试注意事项等 ③ 考风考纪教育主要包括:诚信教育、学校违纪处分条例学习、心理疏导和素质养成教育等
温馨提示	① 大学专业复习与中学时期复习方式方法有所不同,班主任需要熟知所带班级学生课程,针对不同课程特点帮助学生制订复习计划 ② 大学生诚信教育是引导学生成长成才的关键,涉及学生考试、评奖评优、贷款等各个方面,班主任需要帮助大一学生将诚信意识入脑入心 ③ 考风考纪教育是增强学生考试守纪意识抓手,关键在引导学生打牢专业基础,提高复习效率,增强考试自信心

续表

相关知识链接	①《桂林理工大学学生日常行为规范》(桂理工学〔2017〕46号) ②《桂林理工大学学生违纪处分条例》(桂理工学〔2017〕35号) ③《普通高等学校学生管理规定》(中华人民共和国教育部令第41号)

表8.9　大一年级工作要点

(秋季学期:第17~18周)

工作重点	关注学生考试身心健康,引导学生开展假期专业实践及总结
工作目标	① 强化学生考试前后的心理引导,确保大一新生身心健康 ② 引导学生合理安排假期生活,开展假期专业实践,提高大一学生对专业的认识 ③ 通过学期总结,发现班级以及部分同学存在问题,有针对性的加强班级学风建设
主要内容	① 假前指导学生制定假期专业实践计划,以专业认知调研为主 ② 对班级班委队伍建设、制度建设、学风建设等方面进行总结,帮助班级以及个人查找不足,制订下个学期计划,指导班级和学生发展
温馨提示	① 新生班主任需要掌握必备的心理相关专业知识,指导学生解决情感、环境适应、学习考试焦虑等常见问题 ② 大一新生所学专业内容以公共课为主,还未进入专业教育,假期专业实践建议以调研方式开展,可以加深学生对专业的认识,强化认同感,建立未来职业规划 ③ 班级制度建设、队伍建设、学风建设是班级良好发展的重要保障,新生对此认识不足,需要班主任引起足够重视
相关知识链接	①《大学生心理健康教育与训练》(熊英,高等教育出版社) ②《专业实践教育主题班会》策划范本 ③《大学新生班级建设方案》实施范本

表 8.10 大一年级工作要点

（秋季学期：第 19~20 周）

工作重点	开展学生寒假放假前的安全知识教育
工作目标	通过认真学习，教育学生严格遵守相关规定，提高安全防范意识，避免意外伤害、被盗等意外事件的发生，确保学生平安返家，度过一个安全、愉快、祥和的假期
主要内容	① 召开本学期最后一次班会，主题为寒假放假前的安全教育 ② 走访新生宿舍，检查学期末新生宿舍中的安全隐患，了解新生在宿舍内的学习情况等 ③ 布置寒假学生社会实践和学业任务，鼓励学生多参与各类社会实践活动 ④ 学生对本学期自我表现进行300字左右的自我总结和评价 ⑤ 收集完善学生信息，填写并邮寄家校联系单
温馨提示	① 及时完善学生家庭中的基本情况，例如，家庭地址、邮政编码、家长联系方式，学院或专业或班级的家长联系群等，确保能够及时联系上学生家长 ② 对本学期受处分、欠学杂费、挂科、家庭经济困难和其他特殊情况的同学多关注，特别是对于挂科较多学生，及时与学生家长取得联系，让家长在家中多督促学生学习 ③ 提醒学生及时填写离校去向登记表，以便掌握学生假期去向 ④ 学生平安返家后，通过易班APP、QQ、微信、短信、电话等方式告知班长，再由班长统一向班主任进行汇报
相关知识链接	① 学校放寒假相关通知，特别是学生返校报到注册的具体时间，学生宿舍具体开放的时间 ② 可通过易班APP查看成绩等

表 8.11 大一年级工作要点

（春季学期：第 1~2 周）

工作重点	引导学生快速适应新学期，抓好学风建设

续表

工作目标	① 引导学生从假期轻松的氛围中走进新学期的学习和工作中,帮助学生克服开学焦虑症,制订新学期学习目标和工作计划 ② 培养学生学习兴趣,营造班集体想学、乐学的积极学习氛围,促进班级学风建设
主要内容	① 联系班级干部,了解学生新学期返校情况以及学生思想动态 ② 召开班级会议,总结分析上学期班级工作、学生学习成绩等情况 ③ 关注上学期成绩挂科的同学,通过谈心谈话、交流会等形式,了解实际情况,做好心理疏导和学习督促指导 ④ 组织班级开展学风建设活动,做好学风教育工作 ⑤ 配合学院辅导员开展新学期安全教育活动,不断提高学生安全意识
温馨提示	① 一些学生在假期结束之后、开学之始会出现"开学综合征",其表现形式在生理上多表现为失眠、嗜睡及一些查无原因的头晕、恶心、腹痛、疲倦、食欲不振等;在心理上则多表现为记忆力减退、理解力下降、厌学、焦虑、上课走神、情绪不稳定等;在开学初,班主任发现类似情况需要及时帮助和引导 ② 开学初需要重点关注挂科同学的心理状况,必要时需要联系家长沟通学生学习情况,请求家校共同管理
相关知识链接	怎样正确认识和解决开学综合征(https://jingyan.baidu.com/article/d5a880ebb1161b13f147cc39.html)

表8.12 大一年级工作要点

(春季学期:第3~4周)

工作重点	以创新创业为动力,促进班风学风建设
工作目标	① 从营造创新实践氛围入手,通过完善班级制度设计、寻找资源,搭建师生平台,发动班级积极分子,促进班风建设 ② 结合两会召开时机和内容,加强学生思想政治教育,帮助学生培养正确的人生观和价值观

续表

主要内容	① 结合学校团委发布的大学生创新创业计划训练项目活动通知,引导学生参与大学生创新创业项目,并为学生提供指导老师、活动经验等资源信息 ② 充分调动班级同学们自我教育、自我管理和自我服务的积极性,开展班干作风好、学习成绩好、文化建设好、集体观念好、文明道德好等创先争优活动,加强班级班风建设 ③ 结合召开的中华人民共和国全国人民代表大会和中国人民政治协商会议,召开主题学习班会或其他学习活动 ④ 春季是各种传染病的高发季节,需督促和引导学生做好个人、集体生活环境卫生,加强体育锻炼增强免疫力,从而提高应对传染病疫情的能力
温馨提示	① 大一学生对大学生创新创业计划训练项目活动知之甚少,加之缺乏经验和专业老师指导,参与的积极性不高,因此班主任要从专业角度多加指导和帮助 ② 加强班级班风建设是全班同学的责任和义务,需要广泛发动,积极动员,结合优良学风班的创建开展班级班风学风建设活动 ③ 新生同学需要做好思想政治教育和信仰引导,明确努力方向,从思想上和学习上积极向党组织靠拢
相关知识链接	① 桂林理工大学创新创业学院官方网络(http://twdcxt.glut.edu.cn/) ② 了解"两会"相关信息

表8.13　大一年级工作要点

(春季学期:第5~6周)

工作重点	强化英语四级学习备考,培养学生礼仪文化修养
工作目标	① 结合学校第二次党代会提出的提升英语四级通过率的工作要求,督促指导学生复习准备英语四级,提升班级四级通过率 ② 结合传统节日契机,开展传统文化教育活动,培养学生礼仪文化修养

续表

主要内容	① 班级开展备考四级动员会,强调英语四级考试的重要性,为同学们提供备考英语四级经验和技巧,帮助同学们树立战胜四级考试的信心 ② 结合中国传统节日"清明节""三月三",开展传承中国传统文化教育实践活动,教育学生树立传承和弘扬中国传统文化情怀 ③ 结合《桂林理工大学学生手册》《桂林理工大学师生文明礼仪手册》,教育学生准守校纪校规,提升文明礼仪素质,积极践行社会主义核心价值观 ④ 落实节假日,如"清明节""三月三"节放假前的安全教育工作
温馨提示	大学生英语四、六级考试成绩是大学生基本英语能力的衡量标准,在校期间关乎到学生的各类评奖评优,四、六级证书是在毕业求职过程中具有含金量和竞争力的证书,从自身长久考虑更会影响到研究生求学和出国深造等
相关知识链接	① 关于英语四、六级考试技巧及备考方法(https://www.yjbys.com/peixun/news/45680.html) ② 文明礼仪教育参考文件:《桂林理工大学学生手册》《桂林理工大学师生文明礼仪手册》

表 8.14　大一年级工作要点

(春季学期:第 7~8 周)

工作重点	引导学生参与"红五月"系列校园文化活动
工作目标	依托校内外主题教育阵地,将线上、线下工作相结合;借助"红五月"暨红歌比赛、红色故事、红色参观等校内、校外教育活动为载体,开展班级教育
主要内容	① 针对班级学生具体情况,结合学生的发展规划,利用班会对全体学生开展有针对性地辅导 ② 将班会和定向活动相结合,如"红五月"活动,激发学生集体荣誉感,在集体中感受关爱和互助合作 ③ 建立学生家庭状况以及学生成长档案,随时关注弱势学生的心理发展状况

温馨提示	① 不仅要把握主题教育的内容,更要注意对主题教育的定位、内容、形式、影响,以及引发思考的全过程做出深入的思考和设计 ② 借助网络平台,要将"键对键"与"面对面"线上线下相结合
相关知识链接	① 参考学校每年"优秀班级"主题教育活动从主题、内容、形式等到活动目标的设计 ② 参考学校每年"红五月"系列活动的主题、内容、形式等,注重校内、校外相结合

表8.15 大一年级工作要点

(春季学期:第9~10周)

工作重点	开展班级心理辅导活动
工作目标	① 培养学生适应能力、生活自理能力、学习方法调试、人际关系适应、心理角色的转变等 ② 引导学生重视心理健康,切实将人身安全放在第一位
主要内容	① 建立学生心理档案 ② 鼓励学生参与心理体验 ③ 进行团体咨询和个体咨询 ④ 提升学生自主学习能力 ⑤ 稳定工作联络人,确保信息传递的及时准确
温馨提示	① 注重心理调试和发展问题,关注学生学习、心理、人格和社会性发展,注重提升学生自助能力 ② 建立与辅导员、家长、心理咨询老师的联络机制 ③ 确定工作联络人,确保信息传递的及时准确 ④ 注重保护学生的隐私,建立管理档案
相关知识链接	① 学校心理测试网 ② 易测网 ③ 学校心理健康教育与咨询中心,学校有专门的心理咨询老师协助开展活动

表8.16 大一年级工作要点
（春季学期：第 11～12 周）

工作重点	期中学习总结和评估，学生感恩教育
工作目标	① 通过总结班级上半学期学习情况，评估班级状况，及时发现问题，挖掘优点，为班级下半学期开展工作打好基础 ② 结合资助政策宣传月，开展学生感恩教育，引导学生回报父母、学校、社会
主要内容	① 组织班级开展期中工作总结班会，总结评估过去半学期班级学习、生活、工作情况和既定目标完成情况，继续保持好的做法，发现问题并制定解决办法，为下半学期开展工作打好基础 ② 结合资助政策宣传月相关活动，策划开展感恩教育主题班会，引导和培养学生常怀感恩之心，并在今后的学习和生活中用实际行动回报父母、学校、社会
温馨提示	① 总结过程中发现问题要及时制定解决办法，并做好督促做好整改工作，确保班级形成良性循环 ② 及时发现学生和班级的不良苗头，及时"掐断"，确保班级形成良好的氛围，确保学生养成良好的习惯 ③ 感恩教育主题班会一定要做好前期策划，确保班会成效
相关知识链接	① 关于开展资助政策宣传月相关活动的通知 ② 感恩教育主题班会策划

表8.17 大一年级工作要点
（春季学期：第 13～14 周）

工作重点	班级优良学风建设
工作目标	结合学校转专业通知开展专业引导，培养学生专业学习兴趣，以此为基础逐步培养班级浓厚的学习氛围，形成良好学习风气

	续表
主要内容	① 邀请专业教师对学生开展专业二次介绍,做好专业引导教育 ② 排查班级内学业困难学生,并与其谈心谈话,了解学生学习困难原因,并进行分类指导 ③ 组织策划召开"学风建设"主题班会,并以此为基础逐步营造班级良好的学习氛围,构建良好的班风学风
温馨提示	① 对专业不感兴趣的同学建议提前做好转换专业准备,对自身学习方法有问题的可以做学习方法介绍,组建班级"一帮一"帮扶小组 ② 做好学风建设主题班会前期策划,做好前期班级成绩、学风分析,结合实际问题开展教育
相关知识链接	①《桂林理工大学本科学生转换专业实施办法》 ② 学校学风建设方案 ③ 学风建设主题班会策划

表8.18 大一年级工作要点

(春季学期:第15~16周)

工作重点	提高学生学习的能力
工作目标	班主任是学生学习资源的提供者,学习理念的倡导者,通过架设平台,帮助学生不断成长,也可以具体指导学生完善学习方法,提高学习能力
主要内容	① 培养学生理论与实践相结合观念,引导学生利用寒暑假时间开展专业实践活动 ② 临近期末督促学生做好复习备考准备 ③ 结合端午节,开展假日安全教育与传统民俗习俗教育,并适当开展与端午节相关的班级活动
温馨提示	① 班主任要及时掌握准备暑期外出打工学生与参与专业实习、实践的学生动态,并提醒学生务必核实务工信息、实践单位信息的真实度 ② 节假日学生离校一定要履行请假手续

相关知识链接	① 建议带领学生学习《桂林理工大学学生手册》 ②《桂林理工大学学生安全教育及管理暂行规定》(桂理工学〔2011〕50号)

表8.19 大一年级工作要点

（春季学期：第17~18周）

工作重点	考风考纪诚信教育
工作目标	将班级安全预警系统和学生思想政治工作有机融合在一起做到位、做得有成效
主要内容	① 开展考风考纪诚信教育，带领学生一起学习《桂林理工大学学生违纪处分条例》 ② 开展暑期相关安全教育(外出务工、专业实践、外出游玩等) ③ 开展学生暑期社会实践指导，对学生从实践选题到制定实践方案、课题申报和答辩等环节给予相应指导
温馨提示	① 提醒学生在各类考试中务必带齐证件 ② 在学生社会实践中，班主任的角色是指导和辅导者，不要过多参与组织工作和细节工作；帮助学生理解社会实践不是仅凭兴趣和热情就能把事情做好的，更需要责任和坚持
相关知识链接	《桂林理工大学××××年学生暑期社会实践实施办法》

表8.20 大一年级工作要点

（春季学期：第19~20周）

工作重点	期末总结和家校联系
工作目标	通过教育，增强学生暑期放假前的安全知识，提高学生安全防范意识，避免意外事件的发生，特别是强调游泳安全

续表

主要内容	① 召开本学期最后一次班会,主题为"暑期放假前的安全教育",并对暑期留校学生再次加强安全教育 ② 走访学生宿舍,检查学生宿舍中内的安全隐患和学生在宿舍内的学习情况等 ③ 鼓励学生多参与各类社会实践活动和各类科技竞赛活动 ④ 学生对大一学年的自我表现进行300字左右的自我总结和评价 ⑤ 收集完善学生信息,填写并邮寄家校联系单
温馨提示	① 暑期留校学生的安全教育要重视,要求学生遵守相关规定,并向学生家长再次进行确认是否知晓学生留校 ② 对本学期受处分、欠学杂费、挂科、家庭经济困难和其他特殊情况的同学多关注;特别是对于挂科较多的学生,及时与学生家长取得联系,让家长在家中多督促学生学习 ③ 提醒学生及时填写离校去向登记表,以便掌握学生假期去向 ④ 学生平安返家后,通过易班APP、QQ、微信、短信、电话等方式告知班长,再由班长统一向班主任进行汇报
相关知识链接	① 学校放暑假相关通知,特别是学生返校报到注册的具体时间,学生宿舍具体开放的时间 ② 留校学生的相关通知及信息

第二节 大二年级工作要点

一、工作目标:激发学生专业兴趣,引导学生奋发学习

引导学生树立正确的世界观、人生观、价值观,培育学生形成健全的人格、健康的身心。帮助学生了解当前整体就业环境和就业趋势、各行业的发展现状和工作前景,帮助学生进行自我评价,做好大学二年级的学业规划。督促学生夯实专业课基础,加强专业技能学习,为专业实习打好基础。鼓励学生积极参与校园活动和社会实践活动,为全面发展奠定基础。

二、工作重点

(1) 思想教育工作。以全面提高学生思想政治素质为目标,通过"五好表彰""学风建设先进集体""五四红旗团支部"等评比表彰工作,提升学生间"比、学、赶、帮、超"的良好风气。

(2) 完成综合素质测评的计算及公示,评定奖学金及其他相关奖项。

(3) 完成新学年贫困生的认定工作,并更新贫困生库。完成励志奖学金和助学金的评定工作。

(4) 学生党建工作。完成学生新党员的发展,抓好对入党积极分子的教育和预备党员的培训工作,最终实现"班级有党员、党员做先锋"的目标。

(5) 加强优良学风、班风、舍风建设。

(6) 校园安全稳定工作。

(7) 校园文化建设工作。以提升学生综合素质为目标,发挥学生主观能动性,开展喜闻乐见的校园文化活动。

(8) 职业规划与就业指导。通过报告会、讲座等形式做好本年级大学生学业规划,树立正确职业观,做好考研和职前准备。

(9) 大类招生专业的专业分流和第二轮转专业工作,强化学生专业认同。

三、工作难点

(1) 帮助学生了解当前整体就业环境和就业趋势,树立正确的职业观。

(2) 加强学风建设,避免出现因迷恋网络、游戏、逃课等问题导致的学风下滑及安全稳定问题。

四、日常工作安排

以下以两周为单位对班主任工作内容进行规划,并以桂林理工大学的相关做法为例进行讲解(表8.21~表8.40)。

表 8.21　大二年级工作要点

（秋季学期：第 1~2 周）

工作重点	开展学生返校情况排查，做好大一年级的总结回顾工作
工作目标	① 掌握学生返校情况及思想动态，提高学生安全意识 ② 通过对大一年级的总结回顾，帮助学生将大一年级培养起来的自主学习方法运用到大二年级的学习中，让学生结合实际找到适合自己的学习方法，提高自学能力
主要内容	① 扎实细致开展学生返校情况排查，掌握学生动态，结合实例重点强调开学人身财产（校园贷）、防诈骗、游泳等的安全教育 ② 设计表格，引导学生从工作、学习、生活等方面对大一整体情况进行总结和分析 ③ 提醒学生进行大创项目的中期检查，做好项目的开展工作，鼓励同学们参加专业的科技活动，提升创新能力 ④ 利用好"三早一晚"开展好学习活动，要掌握适合自己的学习方法，以及对良好的学习习惯、行为方式进行固化 ⑤ 开展班委换届选举，完善班规，如考勤制度等。可以通过设计班级活动，有意识地培养学生专业学习的能力和习惯，端正勤奋、刻苦的学习态度，在班级形成比学赶帮超的学习氛围 ⑥ 积极参与班级学生综合素质测评等工作
温馨提示	① 要及时掌握学生返校情况，第一周要下宿舍、到课堂、积极参与学生活动，全面了解学生思想动态，对未返校学生做到逐一排查，详细了解情况 ② 引导学生评估大一期间的表现是否达到个人的预期，是否认识到自己学习存在的问题（如学习方法不当、参加学生组织过多、自控力较差等），找准根源，对症下药，激发学生学习动力，提升学生学习力
相关知识链接	认真学习《桂林理工大学学生手册》中关于综合测评等文件的具体要求和内容

表 8.22　大二年级工作要点

（秋季学期：第 3~4 周）

工作重点	聚焦"学困生"，精准帮扶

续表

工作目标	找准挂科学生学业困难的根源,帮助学困生"脱困",对英语四级成绩在400~424分的学生进行鼓励,必要时可专门辅导
主要内容	① 在认真了解大一学生整体情况的基础上,对"挂科"同学进行谈心谈话,引导学生从思想上端正学习态度,并根据学生需要,对"挂科"较多的学生进行集中辅导,如可以联系专业老师对其专业知识进行深度辅导,争取补考一次性通过 ② 全面了解班级英语四级通过情况,做好总结,邀请高年级英语学习成绩优异的学生或者请外国语学院学生进行朋辈帮扶,必要时可根据学生需求,请外语老师进行集中辅导;班级范围内开展英语学习交流会,分享学习方法和心得 ③ 认真指导家庭经济困难学生认定工作,对于家庭突发变故同学及时开展关怀教育,成立认定小组务必公平、公开、公正,避免比材料、比证明,要把真正困难的同学评出来,为下一步评奖评优做好准备 ④ 召开主题班会,将道理和案例相结合,扎实细致开展"十一"节前教育,有图、有记录、有承诺
温馨提示	① 对于"挂科"严重的学生,要及时和家长联系,请家长对学生学业给予更多关注,并把相关学籍管理规定告知家长,进行必要的学业预警,合力育人 ② 困难学生认定工作要细致,切记不要让学生在讲台上陈述自己的困难情况,要把学生平时的生活消费情况作为重点考查内容
相关知识链接	① 认真学习《桂林理工大学学生手册》关于困难认定等文件的具体要求和内容 ② 详细了解《桂林理工大学学生安全教育确认与安全防范承诺书》

表8.23 大二年级工作要点

(秋季学期:第5~6周)

工作重点	开展朋辈教育和朋辈帮扶,促进优良班风学风形成
工作目标	通过开展班级学生结对帮扶和高年级党员朋辈教育,组建学业兴趣小组,提升学生学习兴趣和动力

主要内容	① 根据班级学生学习情况进行学业分类,充分利用"三早一晚",成立帮扶小组,由学习成绩优秀的同学对学业困难学生进行一对一学习指导;利用本专业研究生资源,对于大部分学生没有掌握的专业知识进行集中辅导 ② 开展优秀学生经验交流会,邀请在创业、考研、就业、励志等各方面表现优秀的同学进行面对面交流,重点是学习方法和学习效率的探讨,找到适合自己的学习方法 ③ 开展班级专业知识竞赛和大创项目分享活动,提升学生创新意识 ④ 适时开展谈心谈话,尤其是新任班委的工作及时总结,加强班级凝聚力
温馨提示	① 学业帮扶可以和学院党委积极沟通,发挥学生党员的先锋作用,把党建工作融入学风建设中 ② 班委会是班级建设的核心力量,定期召开班会,交流工作,并做好指导
相关知识链接	《桂林理工大学大学生创新创业训练计划实施方案》

表8.24 大二年级工作要点

(秋季学期:第7~8周)

工作重点	学会感恩,励志成才,做社会主义核心价值观的积极践行者
工作目标	创新活动载体,加强学生感恩教育,提升学生服务奉献意识
主要内容	① 以困难学生奖助学金评定为契机,开展主题班会、演讲比赛等活动,加强学生感恩励志教育,激发学生奉献服务意识,提升学习能力,争做学风建设的排头兵 ② 积极挖掘班级体育、文艺等方面人才,以提升班级荣誉和凝聚力为核心,选拔优秀的文体活动选手为班级而战,尤其是加强校运会的动员,积极为学院争光 ③ 做好大学生创新创业项目的中期检查督导工作,对项目存在的问题及时答疑解惑,提高学生的参与性 ④ 开展班级趣味体育活动,增强班级学生间交流,营造全民健身氛围

续表

温馨提示	① 思想教育具有时效性,重点节庆日、重要事件都是开展思想教育的好时机,要牢牢把握困难学生奖助学金评定这一重要时间段,开展感恩励志教育 ② 班主任要发挥专业的优势,把枯燥的专业知识转为创新的科研项目,提升学生专业学习兴趣
相关知识链接	详细了解国家困难学生奖助学金评定的背景和现实意义,了解国家、社会、学校对家庭经济困难学生的帮扶政策和措施,具体可参见《桂林理工大学学生手册》中"资助管理"相关规定

表8.25 大二年级工作要点

(秋季学期:第9~10周)

工作重点	安全稳定,从"心"开始,加强大学生心理健康教育
工作目标	完善学生信息员沟通机制,了解学生的心理健康状况,做好心理问题排查工作,确保安全稳定
主要内容	① 从学生个体、宿舍长、班委、辅导员多个层面对班级心理问题学生进行排查,建立学生心理问题档案 ② 针对心理情况有异常的学生,做好谈心谈话记录,建立班级心理问题预警机制 ③ 组织学生参观创新创业基地,邀请创业成功的学生开展经验交流,引导学生培养创新意识,结合专业竞赛,对历年参赛情况进行分析,鼓励指导学生参加学术科技竞赛 ④ 与专业课教师沟通,了解班级学生学习状态,尤其是学业困难学生的学习情况,做好学业指导和帮扶工作 ⑤ 每周二开展班级学习方法经验交流会
温馨提示	心理问题排查工作是学生工作的重点也是难点,班主任一定要密切关注问题学生,尤其对于因心理问题休学后复学的学生,做好跟踪观察,发现问题后,及时和辅导员、家长沟通
相关知识链接	掌握大学生心理健康教育相关知识和常见问题,做到早发现、早预防

表 8.26　大二年级工作要点

（秋季学期：第 11～12 周）

工作重点	加强舍风、学风建设
工作目标	以班风舍风的建设为抓手,构建学风建设的长效机制,形成良好的氛围
主要内容	① 开展宿舍卫生与文化教育,强调宿舍卫生的重要性,并引导学生在课余时间多在宿舍进行与学习相关的活动,鼓励学生走出宿舍,走向操场,参加体育锻炼 ② 开展宿舍用电、防火安全教育 ③ 引导学生加强体育锻炼,提高身体素质,面对即将开始体测,要求同学们积极锻炼身体,为体测做好准备 ④ 结合期中教学检查,下课堂听课,向学生强调课堂纪律
温馨提示	① 每月院级校级进行卫生宿舍检查,在做好宿舍卫生的同时,要努力营造良好的舍风,打造学习型宿舍 ② 秋季天气干燥,容易发生火灾,天气逐渐变冷,严禁在宿舍使用大功率电器
相关知识链接	①《桂林理工大学学生手册》中"国家学生体质健康标准"相关规定 ②《桂林理工大学学生住宿管理规定》和《桂林理工大学学生违纪处分条例》

表 8.27　大二年级工作要点

（秋季学期：第 13～14 周）

工作重点	英语四、六级冲刺动员
工作目标	全力以赴迎接即将到来的英语四、六级考试
主要内容	① 开展英语四、六级冲刺动员,鼓励学生为考试鼓足信心,做好准备 ② 开展学生法制教育,指导学生知法懂法(可重点开展网络安全法、交通法等与学生学习生活密切相关的法治教育) ③ 开展期末专业复习指导 ④ 开展安全教育(重点是网络安全、金融安全)

续表

温馨提示	① 做好学生专业复习的指导,常走自习室,课后辅导 ② 开展安全教育,尤其是关于网络诈骗、校园贷等金融安全知识的普及以及防范
相关知识链接	① 了解网络安全法、交通法中与学生学习生活密切相关或学生有可能接触或触犯的条文 ② 了解校园贷的定义、种类、危害、防范措施等相关知识

表8.28 大二年级工作要点

（秋季学期：第15~16周）

工作重点	加强考风考纪诚信教育工作
工作目标	开展考风考纪诚信教育工作,端正考风,严肃考纪,加强学风建设,营造文明、诚信考试的良好氛围
主要内容	① 结合实际案例,开展考风考纪诚信教育 ② 开展自我管理教育,引导学生增强自制力,注重自我学习、自我发展,利用课余时间多学一些技能知识 ③ 开展学期总结工作,总结本学期的班级工作
温馨提示	① 不定期地去学生自习室和宿舍了解他们的学习情况 ② 强化学生考试考风诚信教育,严肃考风考纪
相关知识链接	《桂林理工大学学生手册》中关于作弊的相关处分纪律要求

表8.29 大二年级工作要点

（秋季学期：第17~18周）

工作重点	开展学生寒假社会实践教育
工作目标	引导学生利用寒假加强专业技能知识的积累,并投入专业的社会实践当中,将理论与实践相结合,在实践中增长才干

续表

主要内容	① 开展寒假社会实践教育,鼓励学生积极参与学校组织的专业见习、专业实习,鼓励学生自己去寻找与专业相关的实践机会 ② 强调寒假社会实践安全,提醒学生找兼职、去实践的过程中谨防诈骗,尤其要警惕非法传销组织 ③ 开展学生考研动员,引导学生尽早树立考研目标
温馨提示	积极联系专业教研室老师,共同做好学生考研的动员工作,引导学生尽早树立考研目标
相关知识链接	① 了解实习、实践过程中的安全注意事项,掌握如何辨别传销组织的技巧 ② 了解本校同专业学生近几年的考研情况

表8.30 大二年级工作要点

(秋季学期:第19~20周)

工作重点	做好学生放假前的各项离校工作
工作目标	布置学生寒假学业任务,让学生过一个较为充实的寒假
主要内容	① 做好放假前各项工作,开展假期安全教育 ② 布置寒假学生学业任务,例如,读一本好书,参加一个社会实践活动,总结本学期自己各方面表现,做好下一学期的学业规划等 ③ 做好家校联系工作,填写并寄送家校联系单,对有特殊情况的学生(如多门考试不及格,成绩下滑严重的学生),可与家长电话联系沟通
温馨提示	及时掌握学生的考试动态和学生离校的时间,在学生离校前做好安全教育,掌握学生离校后的去向,确认学生是否安全返家
相关知识链接	及时关注学生期末考试成绩,做好班级学生考试成绩分析

表8.31 大二年级工作要点

(春季学期:第1~2周)

工作重点	引导学生尽快进入新学期生活
工作目标	帮助学生调适身心,尽快适应新学期生活,避免开学综合征

续表

主要内容	① 对学生返校情况进行排查,要求班长统计返校情况;与未返校同学及时取得联系,了解原因后做好备案;通过班委、信息员了解掌握学生思想动态 ② 召开班会,总结分析上学期学生学习情况,并制订本学期学习计划,做好学风教育工作 ③ 开学初是各种诈骗行为的高发期,提醒学生要提高警惕,防诈骗、防范非法校园贷、防盗等;积极开展安全教育(重点是财物安全、交通安全、饮食安全)
温馨提示	① 制作新学期学生花名册,保证学生和家长联系方式的准确性,避免因更换号码而"失联" ② 建议在前两周走访学生宿舍,查看学生返校后的学习、生活情况
相关知识链接	"开学综合征"又叫"开学恐惧症",是指一些学生在假期结束之后开学之始,表现出的一种明显的不适应新学期学习生活的非器质性的状态。其在生理上多表现为失眠、嗜睡及一些查无原因的头晕、恶心、腹痛、疲倦、食欲不振等;在心理上则多表现为记忆力减退、理解力下降、厌学、焦虑、上课走神、情绪不稳定等。究其原因,主要因为学生在假期长时间处于放松的状态,作息时间不规律,回校后立马要面对紧凑的学业任务,一时出现的身心不适应的情况

表 8.32 大二年级工作要点

(春季学期:第 3~4 周)

工作重点	营造良好班风学风
工作目标	① 通过分析英语四、六级情况,以及开展创新创业项目动员会,促进学风建设 ② 加强班级建设,努力将班级建设成为具有亲切、和睦和互助关系,勤奋进取、文明礼貌氛围,遵守班集体行为规范和维护班集体荣誉的积极向上的集体

主要内容	① 加强对特殊情况学生(如学业困难、经济拮据、心理异常等)的排查，并与年级辅导员联系，合力对其进行深度辅导 ② 抓好班风建设，以学风建设、班级英语四、六级通过情况为重点，进行总结分析，针对学生存在的问题进行指导与帮助 ③ 做好大学生创新创业的宣传与指导工作，鼓励学生参与大学生创新创业项目 ④ 开展春季疾病预防教育和饮食安全教育，深入学生宿舍，重点检查宿舍卫生
温馨提示	① 及时掌握特殊情况学生信息，采用适当的方式方法进行辅导，必要时及时与家长取得联系，并做好台账 ② 掌握学生英语四、六级考试成绩，对未通过的同学进行分数段划分，对每名同学的成绩做到心中有数；针对距过级差距不大的学生，与学生约谈，鼓励他们继续努力，争取下次通过
相关知识链接	① 桂林理工大学大学生创新创业基地(原大学生创新基地)，是在学校大学生创新创业基地管理委员会指导下，本着"提升大学生创新创业能力，促进大学生创新创业实践"的宗旨，依托国家创新创业孵化体系，整合协调学校、政府、社会三方资源，以服务、教育、引导为主要特征的大学生创新创业教育服务实践综合平台 ② 春季疾病预防小贴士 ③ 易班APP"优课"栏目中有关英语四、六级相关课程视频资源

表8.33 大二年级工作要点

（春季学期：第5～6周）

工作重点	培养学生良好的行为习惯
工作目标	教育学生养成良好的学习习惯和行为习惯，在今后的大学时间里合理安排自己的学习和生活，为走向职场做足准备

主要内容	① 深入开展专业就业教育,就当前的就业形势、岗位需求、工作需要的能力素质等开展相关知识讲座,引导同学们了解就业需求,找准差距,激励同学们在大学期间注重积累,加强锻炼,提高个人的能力素质 ② 把学生文明礼仪和行为规范教育贯穿到日常教育管理中,引导学生养成良好的学习习惯和行为习惯 ③ 做好清明、"三月三"节节前教育,重点强调假期出行安全
温馨提示	① 良好的行为和习惯并不是一朝一夕就可以养成的,重在平时的坚持,要引导同学们根据自身实际制定行为规范并要求同学们严格执行,加强监督与管理 ② 重视清明节、"三月三"节节前教育工作,严格请、销假制度,掌握全班同学小长假去向,对请假学生要与家长取得联系并进行确认
相关知识链接	《师生文明礼仪读本》

表8.34 大二年级工作要点

(春季学期:第7~8周)

工作重点	指导学生进行学业规划
工作目标	让学生了解什么是学业规划,帮助学生制订适合自己的学业发展计划
主要内容	① 针对班级或学生中存在的某方面突出问题(如"三早一晚"缺勤、迟到现象严重、参与科技实践活动积极性不高等),组织召开主题教育班会,提高学生的纪律意识和参与活动的积极性 ② 科学地指导学生进行学业规划,并以此为抓手,进一步加强班级学风建设 ③ 开展"五一"假期安全教育活动,重点是游泳、防火、出行安全等
温馨提示	① 充分了解每个学生的特点,了解学生将来的就业打算,因材施教,更好地帮助学生进行学业规划 ② 重视"五一"小长假节前教育工作,严格请、销假制度,做好离校登记,掌握全班同学小长假去向,对请假学生要与家长取得联系进行确认
相关知识链接	了解"大学生学业生涯规划"和"职业生涯规划"的相关内容

表 8.35　大二年级工作要点

（春季学期：第 9～10 周）

工作重点	加强学生心理健康教育
工作目标	加深学生对心理健康知识的理解，解决一些在学习、生活中产生的心理困扰，帮助学生树立健康的心理知识，培养健康、健全人格
主要内容	① 充分利用班委，特别是心理委员、信息员，开展班级心理排查工作，对"问题"学生及时进行干预，并建立台账 ② 以"宣传心理健康理念，普及心理健康知识"为目标，结合 5 月心理健康教育活动月，指导班级开展心理团体活动 ③ 指导学生参加"红五月"校园文化活动（如"五四"班级歌咏比赛等）
温馨提示	了解并掌握有心理问题学生的详细情况，做到早发现、早干预
相关知识链接	① 桂林理工大学心理健康教育与咨询中心："以学生为本"，开展心理健康教育和宣传、心理咨询等服务。其宗旨是关爱、尊重、理解、保密。通过不同的服务方式帮助同学适应大学生活、改善人际关系、正确处理恋爱问题、认识自我、接纳自我，培养其独立自主的能力，学习如何面对和解决困难，顺利克服成长过程中的各类障碍，促进大学生身心全面和谐地发展 ② 桂林理工大学心理健康协会：秉着"同心互助，携手成长"的宗旨，心理协会开展了一系列文明健康的校园文化活动，为广大在校师生宣传和普及健康的心理知识，提高师生们的心理健康水平，辅助师生们不断完善自我 ③ 桂林理工大学鲲鹏素拓协会：以"立足校园，服务师生"为根本理念，广泛开展针对大学生个人和团体素质拓展活动，希望借此来增强大学生的个人能力及培养团队精神，打造健康向上的集体

表 8.36　大二年级工作要点

（春季学期：第 11～12 周）

工作重点	结合资助月的系列活动，进行感恩教育
工作目标	① 向学生讲解科研论文的相关知识，并帮助指导学生学习科研论文的写作，熟练掌握查阅文献、科研论文写作的相关技巧 ② 结合资助月教育引导学生助人、自助，增强感恩意识，以实际行动回报国家、回报社会

续表

主要内容	① 收集"科研论文写作指导"的相关资料,结合学生专业特色,以班会形式对学生进行集中教育指导工作 ② 组织开展以"感恩教育"为主题的班会,结合资助月的系列活动(征文、演讲、微电影拍摄、网络知识竞赛等),对学生进行感恩教育
温馨提示	① 要及时掌握学生科研论文写作的基本情况,让学生做好学习情况的反馈工作,实现本次指导写作的真正意义 ② 对资助月开展的相关活动进行评比和表彰,确保切实起到教育作用
相关知识链接	① 如何利用图书馆接口访问中国知网总库,掌握查阅文献的相关技巧 ② 学校资助月活动相关通知、文件

表8.37 大二年级工作要点

(春季学期:第13~14周)

工作重点	进行英语四、六级冲刺动员
工作目标	① 开展英语四、六级冲刺动员工作,提高学生英语四、六级通过率 ② 通过谈话教育的引导,使学业困难学生端正态度,刻苦学习
主要内容	① 组织班级开展英语四、六级模拟考试和英语四、六级能力提升专题座谈会,下自习室、宿舍,督促并监督学生学习情况 ② 通过班会开展专业交流会,进一步加强学生对本专业的认识 ③ 深入了解学业困难学生的基本情况,同时在学习和生活上对他们给予密切关注;在谈话中,积极引导他们树立克服困难的决心
温馨提示	① 要做好学生英语四、六级冲刺动员,同时强调英语四、六级的重要性,督促学生认真复习,营造浓厚的学习氛围 ② 掌握班级学业困难学生名单,与学生进行谈话,鼓励并督促学生加强学习,迎头赶上
相关知识链接	① 了解并向学生推荐专业学习网站和相关APP ② 全国大学英语四、六级考试官网

表 8.38 大二年级工作要点

（春季学期：第 15~16 周）

工作重点	开展专业实践、实习教育，进行期末复习动员
工作目标	① 提醒学生临近考试，督促学生抓紧时间复习，营造良好的学习氛围，提高学生期末考试通过率 ② 对暑期专业实践、实习教育进行动员，提醒学生做好实习实践准备
主要内容	① 做好专业实践、实习的动员教育、安全教育工作，提醒学生做好实习实践准备 ② 组织学习，知纪懂法——组织学生学习相关考风考纪文件，对学生进行法规教育、纪律教育、诚信教育、警示教育等 ③ 正确引导，积极备考——通过主题班会、专题讲座等形式，对考生进行诚信教育、应试心理素质和技能教育，正确引导考生积极备考、诚信应考，克服侥幸心理，自觉维护考风考纪 ④ 深入自习室、宿舍指导，督促学生积极备考期末考试
温馨提示	① 考前要以班级为单位组织学生继续学习学校有关考试纪律的规定和处理规定，务必做到人人皆知 ② 对学习落后学生的学习进行指导
相关知识链接	《桂林理工大学学生手册》中关于"学生违纪处分"相关规定

表 8.39 大二年级工作要点

（春季学期：第 17~18 周）

工作重点	开展大二学年总结和学生暑期社会实践指导
工作目标	① 开展学生暑期社会实践动员指导，开展假期安全教育，让学生度过一个充实、安全的假期 ② 总结本年度工作各项内容的开展情况，并对下学期的重点工作进行部署

续表

主要内容	① 召开"暑假安全教育"班会,提醒学生时刻注意人身安全问题 ② 召开假期社会实践动员大会,对活动的前、中、后期工作进行严格把关与指导,如安全注意事项、基本礼仪规范、实践报告撰写等 ③ 对本学年工作进行全方位总结
温馨提示	放假前要汇总好学生离校的时间与去向,收集好学生的家庭住址、离校后的联系方式、家长姓名和联系方式等
相关知识链接	①《桂林理工大学××××年暑假学生安全教育确认书》 ②《关于做好××××年暑假前后及下学期开学学生工作的通知》

表8.40 大二年级工作要点

(春季学期:第19～20周)

工作重点	关注暑期留校学生,开展家校联系工作
工作目标	保证假期留校学生的人身安全,让同学们度过一个充实、安全的假期
主要内容	① 召开"假期留校学生安全教育"班会,提醒留校学生务必注意自身安全 ② 假期期间定期关注留校学生的去向动态 ③ 与留校学生及其家长保持密切联系,向家长汇报学生在校的基本情况 ④ 填写家校联系单,将学生在校学习、工作、生活等表现反馈给家长
温馨提示	① 统计好留校学生的人数、家庭住址、联系方式等基本情况 ② 保持电话在24小时开机状态,为留校学生提供紧急联系服务
相关知识链接	①《关于做好××××年暑假前后有关学生工作的通知》 ②《关于××××年暑假留校本科生住宿安排的通知》

第三节　大三年级工作要点

一、工作目标：拓宽学生专业视野，全面提升综合素质

积极搭建平台，提升学生思想道德素质、专业素质、心理素质、身体素质、人文素质，全面提升学生综合素质。

二、工作重点

（1）加强学生团队意识的培养，增加集体的凝聚力。通过开展各种活动，进一步把学生凝聚到一起，共同进步。

（2）分类指导，提高工作的针对性和有效性。继续扎实做好重点学生工作，因材施教，做到早发现、早引导、早解决，对重点学生进行"一对一"式平等、直接的交流沟通，力求深入细致有实效。

（3）加大对学生科学精神的培养。通过鼓励、组织学生参加体育竞赛、专业技能比赛、本科生进科研团队等活动，着力培养学生动手能力和创新精神，提高学生实践能力。

（4）引导学生正确定位，正视自我，做好职业生涯规划。通过经验交流会、校友报告会、考研交流会、就业指导课等，帮助学生找准定位，明确努力方向。

（5）关注实习学生的生活、学习、心理等方面的动向，加强相关指导，交流和掌握学生实习情况。

三、工作难点

（1）经过两年的学生生活，部分学生的学习动力有所减退，尤其是学分绩点有问题的学生是工作的重点。及时指导和帮助学生分析找到提升学分绩点的方法和途径，鼓励学生树立信心，迎头赶上。

（2）关注被处分学生的思想状况，做好相关教育工作，并指导和帮助学生指明努力方向。

（3）指导学生有意识关注考研、就业信息。

（4）帮助学生树立正确的就业观，并指导学生开始以就业目标为导向，加强相

关实践和实习活动。

（5）对于存在心理问题的学生，加大关注力度，持续积极开展心理健康教育，为学生的健康成长保驾护航。

四、日常工作安排

以下以两周为单位对班主任工作内容进行规划，并以桂林理工大学的相关做法为例进行讲解（表8.41～表8.60）。

表8.41　大三年级工作要点

（秋季学期：第 1～2 周）

工作重点	开展学生返校情况排查，关注专升本学生的相关情况
工作目标	① 开展学生返校情况排查，了解学生的思想动态 ② 了解专升本学生的相关情况；对大二学年的学习和生活进行回顾和总结，引导学生合理规划课余时间 ③ 开展安全教育（重点开展防骗、防盗、游泳安全教育）
主要内容	① 开展学生返校情况排查，了解开学初情况，与未能及时返校的同学进行联系，以确保其安全；及时掌握班级学生的思想动态，对班级学生的学习、生活等问题进行疏导 ② 与年级辅导员联系，获取并了解专升本同学的资料，帮助专升本同学尽快融入到班级中 ③ 召开新学期主题班会，走访学生宿舍，对大二学年的学习和生活进行回顾和总结，提出新学期的学习目标和要求，指导学生合理规划课余生活 ④ 开展安全主题班会，重点开展防骗、防盗、防火、游泳安全教育，尤其是要加强对班级心理异常学生情况和专升本新同学的教育

温馨提示	① 学期初更新班级通讯录,确保学生、家长联系方式畅通;专升本同学中要确立负责人,便于开展具体工作,及时填写完善《班主任手册》 ② 对未联系上的学生要第一时间与家长联系;若失联则要和年级辅导员沟通一起确定应急处理措施,确保学生安全,后期视情况对失联学生进行批评教育或处分 ③ 大三要科学、合理规划学生的学习目标;由于大三学期课程相对较少,无"三早一晚"、无就业压力,课余时间充裕,因此建议报考相关专业职业证书等
相关知识链接	① 防骗、防盗、防火、游泳安全教育案例 ② 《桂林理工大学学生突发事件应急预案》

表8.42 大三年级工作要点

(秋季学期:第3~4周)

工作重点	稳定学生学习生活状态,指导开展各项评定工作
工作目标	① 指导班团组织换届,对考试"挂科"学生进行深度辅导 ② 指导开展家庭经济困难学生认定工作 ③ 准备评奖评优材料 ④ 开展"十一"假期安全教育等工作
主要内容	① 根据上一学年班级同学的日常表现、学习状况等因素,指导班级团支部进行换届 ② 与年级辅导员沟通,查看上一学年的班级同学的成绩状况,对考试"挂科"的同学进行深度辅导,帮扶其在学习方面的问题 ③ 配合年级辅导员监督开展家庭经济困难学生的班级评议工作,确保评议的公平、公正、公开 ④ 配合年级辅导员解读评奖评优的相关通知,让学生积极务实的进行申报 ⑤ 召开"十一"假期安全教育班会 ⑥ 组织动员学生进行全国英语四、六级统一考试的报名工作

续表

温馨提示	① 班干部的竞选应保持公开、公平、公正,通过民主推荐和答辩形式进行 ② 对于没有评上贫困生奖学金的同学要重点关注,可推荐兼职、勤工助学岗位,鼓励他们参加科学竞赛、科研论文、课题研究;鼓励学生积极参与创新创业、入驻校、院创业园 ③ 对"挂科"同学要发挥班级班干、党员模范作用,通过结对帮扶,重点对其进行学业指导
相关知识链接	①《桂林理工大学学生手册》中的《桂林理工大学学生评优奖励办法》《桂林理工大学优秀学生奖学金评定办法》《桂林理工大学学生综合素质测评办法》 ②《桂林理工大学学生手册》中的《桂林理工大学家庭经济困难学生认定和资助办法》

表8.43 大三年级工作要点

(秋季学期:第5~6周)

工作重点	了解学生生涯情况,引导学生根据实际情况进行调整
工作目标	① 培养学生树立自我管理意识和自我提升意识,引导学生多方面提升 ② 引导学生根据实际情况,调整细化生涯规划内容,鼓励学生积极参加技能培训,督促学生加强专业方面的学习,指导学生完善生涯规划
主要内容	① 深度了解学生生涯规划,详细了解学生对于自身的学习生涯、专业生涯、大学生活生涯等方面的规划,根据实际情况调整并细化生涯规划内容,召开主题班会加以指导 ② 引导和鼓励学生参加各类技能培训和技能认证,针对学生的不足之处加以指导,帮助学生全面发展 ③ 做好学风督查工作,各班学委要做好每周上课情况统计并及时反馈,加强良好学风建设
温馨提示	① 学生生涯规划包括大学的时间规划和专业规划,以及对自己的要求与自身提升的规划 ② 鼓励学生积极参加技能培训和技能认证,合理运用空闲时间 ③ 充分利用班委的职能,建议经常召开班委会了解班级情况,切实做到真实情况的反馈,避免虚假情况反馈

相关知识链接	① 北森职业测评系统(https://www.beisen.com/):认真地了解自己的人格属性,科学地规划学业生涯 ② 查询学生"第一、二课堂成绩单",了解学生课堂内外的学习情况 ③ 根据优良学风班创建与申请情况,全面指导班级学风建设 ④ 关注广西人力资源和社会保障厅(https://www.gxhrss.gov.cn/)网站上关于职业证书报考认证等服务信息

表8.44 大三年级工作要点

(秋季学期:第7~8周)

工作重点	开展感恩主题教育,组织学生参加大学生创新创业等赛事
工作目标	① 开展感恩主题班会 ② 积极组织学生参加大学生创新创业训练计划
主要内容	① 开展感恩励志教育,观看历年"感动中国十大人物"的影片,并撰写观后感,以及召开主题座谈会分享感想 ② 引导学生培养创新意识,鼓励指导学生参加学术科技竞赛,了解学生就业指导课程的学习情况、专业竞赛的情况,以及了解学生对于创新创业的想法,鼓励学生创新创业 ③ 配合校、院做好各项班级文体活动的动员,如10月校运会、荧光夜跑等,加强宣传力度,强调安全事项
温馨提示	① 感恩教育应该结合班级学生现有状态进行针对性的教育,通过心理委员了解班级学生心理状态,做好相应的心理辅导 ② 结合学生目前的专业技能掌握程度,了解每个学生的优点,正确引导学生积极参加专业技能比赛和自主创新创业比赛,提前做好学校大学生创新创业训练计划的准备 ③ 大三文体活动旨在加强班级团支部活力,通过文体活动增进班级学生间的友谊、感情,提升班级凝聚力

	续表
相关知识链接	① "感动中国十大人物"影片 ② KAB创业网(http://www.kab.org.cn/):帮助学生全面认识什么是创业,普及创业意识和创业知识,培养有创新精神和创业能力的青年人才 ③ 挑战杯网(http://www.tiaozhanbei.net/):帮助学生了解"大小挑"比赛的内容,可参考往届资料和介绍以及各类案例

表8.45 大三年级工作要点

(秋季学期:第 9~10 周)

工作重点	针对学生心理情况,开展摸排工作,指导学生做好出国、考研、考公务员等学习规划
工作目标	① 通过与班级学生谈心谈话,了解学生心理动态,再结合学生个人职业理想,确定其职业发展目标 ② 通过开展相关主题班会,引导学生制定短期目标、中期目标、长期目标
主要内容	① 深入学生寝室、教室、网络与学生谈心谈话,加强学生信息摸排工作,掌握学生的学习规划,帮助解决学生学习、生活中的实际困难和思想问题 ② 对心理摸排异常的学生要及时与辅导员沟通,依情况进行检查,并及时向学生家长反馈;建立异常学生档案,配合辅导员做进一步关注或处理 ③ 根据学生需求,可以与年级辅导员组织开展与职业规划相关的第二课堂活动,积极引导学生掌握正确的学习方法,引导学生有选择的、有目标的选择适合自己的职业资格,指导学生进行规划
温馨提示	① 对于心理异常的学生,一是要了解学生的问题并注意保护学生隐私,二是要和辅导员加强协同,听从学校心理咨询师和辅导员的工作指导,三是要密切关注异常学生的动态、去向 ② 了解《桂林理工大学学生突发事件应急预案》(http://oa.glut.edu.cn/gwxxroom.action?theAction=gwxxfflist) ③ 关注班级学生专业、行业的动态,并有针对性地做好计划出国、考研、考公务员等学生的教育,帮助学生制定职业规划以及学习目标

续表

相关知识链接	① 中国青年网(https://www.youth.cn/):西部计划志愿者工作、学习和交流的网上家园 ② 中国研究生招生信息网(http://yz.chsi.com.cn/):主要提供研究生网上报名及调剂、专业目录查询、在线咨询、院校信息、报考指南等方面的服务 ③ 国家公务员考试网(http://bm.scs.gov.cn/):专门介绍公务员报考、职务发布等信息的综合性平台门户

表8.46 大三年级工作要点

（秋季学期：第11～12周）

工作重点	开展宿舍卫生与文化教育,引导学生做好"三走"
工作目标	① 提高大三学生宿舍用电、防火安全意识 ② 鼓励学生走下网络、走出宿舍、走向操场,提升学生自主体育锻炼的意识,营造良好的宿舍学风文化
主要内容	① 开展宿舍卫生与文化教育,营造宿舍学习氛围,鼓励宿舍长、班级干部、党员发挥模范带头作用 ② 发挥班级体育委员和班委作用,引导学生参加体育锻炼,提高自身身体素质,走下网络、走出宿舍、走向操场,尤其强调体测中代测作弊的严重后果 ③ 深入学生宿舍,对宿舍违规电器进行排查和教育,对班级学生沉迷网络情况进行排查和教育,对晚归、夜不归宿的学生进行谈心谈话
温馨提示	① 遵守《桂林理工大学学生手册》中的《宿舍管理办法》,禁止宿舍内使用大功率用电器,如热水壶、"热得快"等存在安全隐患的物品;一经发现有使用违规电器的宿舍,要现场教育、及时制止、没收违规电器,如有宠物饲养应采取送还回家或者寄养校外宠物收留中心等措施 ② 积极准备开展文明宿舍创建、宿舍文化装饰大赛等活动,以评促建,共同营造宿舍氛围

续表

相关知识链接	①《桂林理工大学学生手册》中的《宿舍相关管理办法》《考试违纪处分办法》 ② 桂林理工大学学工处网站关于宿舍文化装饰大赛、文明宿舍申报的通知

表8.47 大三年级工作要点

（秋季学期：第13~14周）

工作重点	做好英语四、六级考试动员工作，以及"三自教育"
工作目标	① 培养班级学生"自我管理、自我教育、自我服务"意识 ② 结合法治宣传日，开展主题教育以及英语四、六级考试动员
主要内容	① 进行英语四、六级英语考试动员，强调英语的重要性，找到适合自己的学习方法，争取取得好成绩 ② 开展"自我管理、自我教育、自我服务"意识培养活动，提升学生综合能力 ③ 开展学生安全教育（重点开展网络安全、金融安全教育），谨防"双十一"前后，校园贷、淘宝刷单等形式诈骗；实习期间需要更加注意实习安全，听从实习指导老师安排 ④ 结合法治宣传日，进行《桂林理工大学学生手册》再学习
温馨提示	① 谨防电信电话、网络信息诈骗，做到转账汇款须谨慎，诈骗电话莫轻信；实习期间，注意人身和财产安全，服从实习带队老师安排，讲解相关安全事故案例 ② 安排班级安全信息员关注和排查校园贷、网络电商情况及时了解动态 ③ 关注班级积极备考英语四、六级的学生，提醒学生注意学习方法和作息规律，争取好成绩 ④ 发挥学生"三自教育"，班级英语尖子生帮扶落后生，对于家庭贫困的学生，可以与学院辅导员联系给予一定困难补贴购买英语真题等资料
相关知识链接	新东方英语网（http://www.xdf.cn）：查看相关电教视频、历年真题以及网络课程

表 8.48 大三年级工作要点

（秋季学期：第 15~16 周）

工作重点	加强大学生考风考纪教育和期末班级学生的复习指导
工作目标	帮助引导学生知道考风考纪的重要性，呼吁同学们从根本上杜绝和防范考试作弊现象，严肃考试纪律，诚信考试，构建良好的考试秩序，营造公平、公正的考试环境
主要内容	① 充分发挥大学生思想政治教育主阵地、主课堂、主渠道的作用，组织班主任围绕考风考纪主题开展班会，学习《桂林理工大学学生手册》中的《考试违纪处理办法》 ② 做好期末复习动员工作，要求学生干部和党员要起好模范带头作用，引导带领广大同学重视考前复习，端正考试态度，以良好的考风考纪迎接期末考试 ③ 与辅导员一起组织张贴悬挂诚信考试横幅或标语，在教室、宿舍营造诚信考试良好氛围
温馨提示	① 班主任要抓"两头"，一是教育成绩优秀学生切勿因评奖、评优铤而走险，二是教育学习困难学生对考试切勿抱有侥幸心理 ② 向班级心理委员、安全信息员及时了解情况，对有作弊想法的学生要及时制止并教育引导 ③ 与任课教师多沟通，帮扶班级学生科学备考、复习 ④ 通过组织开展诚信考试签名活动等方式，增强学生诚信意识
相关知识链接	《桂林理工大学学生手册》中的《考试违纪处分办法》

表 8.49 大三年级工作要点

（秋季学期：第 17~18 周）

工作重点	指导班集体和学生个人做好期末总结工作，进行元旦假期安全教育
工作目标	引导班级学生对一学期以来的各项情况进行简要回顾，总结经验教训，分享学习心得，取长补短，为下学期的学习生活奠定基础；开展元旦假期安全教育班会

续表

主要内容	① 为确保班级学生的各项安全,组织召开以"元旦假期安全教育"为主题的班会,重点强调元旦假期的出行安全、交通安全、食品安全等问题,并切实做好离校登记工作 ② 指导学生做好期末总结工作,就班级学生考级、考研等学风工作、参与第二课堂情况以及大三以来的学习生活等进行全面总结,并对下学期的学习和生活进行合理规划 ③ 带领班委做好班级期末总结工作,制定下一学期的努力目标及方向,建立良好的班风、学风,收集班级获奖等情况
温馨提示	① 严格要求离校学生履行相关手续,及时掌握学生离校情况,例如,班级留校人数,请假外出人数,家长联系方式及外出地点等 ② 期末总结工作建议以班会或书面总结形式进行,重点关注学习成绩和行为表现有待提升的同学,帮助引导其树立良好的新学期目标,取长补短,提升自我 ③ 期末总结工作完成后,与学生进行谈心谈话,正确引导教育学生
相关知识链接	①《桂林理工大学学生离校登记表》,学工处网站下载 ② 总结完善《桂林理工大学班主任工作手册》

表8.50 大三年级工作要点

(秋季学期:第 19~20 周)

工作重点	做好假期安全教育、社会实践教育以及家校联系工作
工作目标	① 为使学生安全、健康地度过寒假,组织开展假前系列教育工作 ② 积极引导广大学生进行社会实践锻炼,充实自我,帮助其合理、充分地利用好寒假生活,完成家校联系工作
主要内容	① 以"寒假安全教育"为主题,开展形式多样的班会活动,详细讲解安全知识,重点强调人身安全、金钱安全、网络安全 ② 动员学生积极广泛参与社会实践及专业实习,同时教会学生如何识别真假招聘信息,谨防传销、诈骗等虚假用工消息 ③ 开展家校联系工作,将班级学生在校表现情况反馈至家长处,尤其与重点关注对象家长取得联系,保持沟通

续表

温馨提示	① 严格要求班级学生履行离校相关手续,及时掌握学生假期情况,例如,学生离校和返校时间、班级留校人数、家长联系方式、外出实践人数、外出实践地点等 ② 在学生离校前走访宿舍,提醒其在离校前打扫好宿舍卫生,离开宿舍后要断水、断电等,杜绝安全隐患 ③ 根据班级期末总结、谈心谈话内容,撰写"家校联系单",有条件的可以对学生进行实地家访
相关知识链接	① 《桂林理工大学学生离校登记表》,学工处网站下载 ② 《大学生就业见习活动登记表》,学工处网站下载 ③ 《大学生社会实践活动登记表》,学工处网站下载

表8.51 大三年级工作要点

（春季学期:第1~2周）

工作重点	掌握开学初学生思想动态,了解学生考研意向
工作目标	通过开学初的排查,了解学生思想动态和心理状况,对学生考研情况进行分析和动员
主要内容	① 通过班会、走访宿舍等方式,排查学生返校情况,掌握学生思想动态 ② 考研动员,收集和整理有考研意向学生的信息 ③ 开学初进行安全教育(重点是财物安全、交通安全、饮食安全)
温馨提示	① 大三下学期是学生比较焦虑的一个阶段,他们要面临就业、考研等选择,需要掌握学生的思想动态和心理状况 ② 此段时间是学生决定是否要考研的关键节点,做好动员工作对于提高考研率至关重要 ③ 刚过完春节,不少学生身上带有一定的现金,要着重强调财产和饮食安全
相关知识链接	① 防诈骗案例 ② 中国研究生招生信息网(http://yz.chsi.com.cn1)

表8.52 大三年级工作要点
（春季学期：第 3~4 周）

工作重点	学业困难学生帮扶和学业规划指导
工作目标	及时发现和掌握学习困难学生的情况，进行学业帮扶，并在科研等专业方面给予指导
主要内容	① 对有不能毕业风险的学生进行筛查与教育帮扶 ② 进行考研再动员 ③ 指导督促大学生创新创业训练计划结题验收 ④ 学业规划指导——强化目标、自我完善
温馨提示	① 学生补考成绩出来后，关注那些挂科较多的学生，对有不能毕业风险的学生进行排查和帮扶 ② 根据考研意向统计情况，对部分学生进行考研再动员 ③ 对有大学生创新创业训练计划项目的学生的结题工作进行指导和督促 ④ 针对学生考研还是就业等选择，进行学业规划指导
相关知识链接	①《桂林理工大学本科学生学籍管理规定》 ②《桂林理工大学大学生创新创业训练计划项目管理办法》 ③ 中国研究生招生信息网（https://yz.chsi.com.cn1）

表8.53 大三年级工作要点
（春季学期：第 5~6 周）

工作重点	学风建设和节前安全教育
工作目标	① 通过介绍流行性疾病相关知识，预防春季流行性疾病发生 ② 以朋辈教育形式引导学生树立正确的就业观和学习观，加强学风建设 ③ 节前有针对性地开展安全教育

续表

主要内容	① 重点针对春季时期流行性疾病进行预防教育 ② 邀请高年级优秀学长或者优秀校友来校进行朋辈座谈,对学生进行就业指导 ③ 根据班级存在的具体问题进行班风学风建设大讨论 ④ 开展清明节、"三月三"节假期安全教育
温馨提示	① 桂林春季气候非常潮湿,容易发生流行性疾病,因此要提醒学生注意宿舍和饮食卫生 ② 学生开始关注就业信息,可以提供一些招聘会信息给他们,引导他们参加一些"双选会" ③ 清明节、"三月三"节是学生意外事故高发期,尤其是外出要注意安全,告诉学生禁止去不明水域和危险的地方
相关知识链接	①《桂林理工大学学生安全教育及管理暂行规定》 ② 桂林理工大学毕业生就业网

表8.54 大三年级工作要点

(春季学期:第 7~8 周)

工作重点	英语四、六级和考研等学业提升
工作目标	通过对学校、学院毕业生就业质量年度报告的分析解读,让学生进一步了解本专业的就业情况,明确自己的就业意向,不断完善和提升自己在英语、专业学习等方面的水平,提升职业选择能力
主要内容	① 解读学校、学院毕业生就业质量年度报告 ② 英语四、六级,考研动员 ③ 指导学生参加"红五月"校园文化活动 ④ 开展"五一"假期安全教育
温馨提示	① 对于就业质量年度报告的分析,要结合社会需求和学生实际,不能过于笼统,要对学生进行精准的就业指导 ② 鉴于目前就业难的现状,鼓励、动员学生考研,提升自己的就业竞争力 ③ 指导学生参加"红五月"校园文化活动,提升学生的综合素质 ④ 对于即将到来的"五一"假期,安全教育务必及时、到位

相关知识链接	① 学校、学院毕业生就业质量报告 ② ××××届高校毕业生就业质量年度报告 ③ 英语四、六级通过率对本专业就业选择的影响 ④ 上网查询"红五月"校园文化活动的来源

表8.55 大三年级工作要点

（春季学期：第9～10周）

工作重点	学习方法、学习能力及个人素质提升
工作目标	以"学在桂工"为平台，通过开展"传统文化教育""个人技能提升""心理健康教育"等主题教育活动，培训和提升学生综合素质，增强学生竞争力
主要内容	① "学在桂工"之学习方法与能力养成提升 ② 开展传统文化教育 ③ 个人技能拓展与提升 ④ 开展心理团体活动和班级心理排查 ⑤ 开展"五一"假期安全教育
温馨提示	① 通过不同形式的教育和活动，让学生真正将学习信念内化于心、外化于行 ② 安全教育必须常抓不懈，常做常新，让学生不断提升安全意识 ③ 心理健康教育工作的开展要注重隐私性，注意工作的方式方法，避免引起反效果 ④ "学在桂工"，基础在学，关键在做；要做到理论联系实际，把学习教育与日常工作紧密结合起来；引导学生不断增强自身本领和方法，做到"五个坚持"：坚持自学为主，用科学理论武装头脑；坚持学用结合，知行合一；坚持问题导向，着重实效；坚持优秀带头，层层递进；持之以恒
相关知识链接	①《桂林理工大学学生手册》 ② 学生假期离校请假管理规定 ③ 学校心理健康教育与咨询中心 ④ "学在桂工"

表 8.56　大三年级工作要点

（春季学期：第 11～12 周）

工作重点	就业准备指导和感恩教育
工作目标	① 以资助月为依托,开展感恩教育,促进学生将感恩意识转化成感恩行动 ② 鉴于目前就业形势,指导学生提前做好就业准备,提高就业竞争力
主要内容	① 结合资助月开展感恩教育 ② 指导学生做好就业准备
温馨提示	① 感恩教育属于隐形教育,效果不易显现,需要长时间、多形式的教育,是一个需要持续实施的教育工程 ② 目前,毕业生数量逐年增多,大学生面临严峻的就业形势,要引导学生通过多种途径、全方位的做好就业前的准备工作
相关知识链接	①《桂林理工大学学生手册》中关于"资助管理"的相关文件 ② 国家学生资助政策 ③ 学校、学院毕业生就业质量年度报告

表 8.57　大三年级工作要点

（春季学期：第 13～14 周）

工作重点	关注学业困难学生,备考英语四级
工作目标	① 加强生命教育,严禁学生下河游泳 ② 重整旗鼓,重塑学习信心,以饱满的热情备战考英语四级考试
主要内容	① 针对存在学习困难的学生进行关注谈话,帮助其分析原因,调整学习方法 ② 在班级内分小组进行团体辅导,分享现阶段学习的心得和学习技巧,对有"自己就是咸鱼一条"想法的学生进行辅导,助其重建信心 ③ 针对夏季游泳安全进行主题班会教育 ④ 动员学生积极参加大学生创新创业训练项目

	续表
温馨提示	① "咸鱼"类型的学生专指那些校园中各方面表现平平,在课业压力和就业压力都不强的阶段,没有梦想,整日打发时间度日的学生 ② 团体辅导是一种心理咨询方式,简单来说,就是七八个人坐在一起,真诚地说出自己的问题,并对别人的问题提出建议;可邀请学校相关专业指导教师参与 ③ 大三下学期,学生最常见的问题就是在宿舍里消磨时间,班主任经常下宿舍可能会给学生带来全新的心理感觉
相关知识链接	①《桂林理工大学学生游泳安全承诺书》 ②《桂林理工大学第二次党代会报告全文》

表8.58 大三年级工作要点

（春季学期：第 15~16 周）

工作重点	班风、学风的建设和培育
工作目标	① 提升班风学风,端正考试心态,诚信备考 ② 端午节天气变热,宿舍恢复夜间供电,提醒学生注意宿舍用电安全 ③ 假期外出安全教育
主要内容	① 天气转热,学校恢复24小时供电,在这样的情况下学生可能会出现熬夜打游戏等休闲娱乐活动,班主任需联合辅导员进行宿舍检查教育 ② 需要提前联系学生的专业实践和外出实习机会,实习中要加强学习锻炼,为以后找工作积累优势 ③ 又到了英语四级的考试时间,要通过各种方式帮助学生复习、冲刺,增强信心、讲究技巧;强调考试纪律 ④ 进行端午节节前安全教育 ⑤ 大三下学期是决定人生未来走向的关键时期,辅导学生做好规划;督促学生提前为考研、就业、出国、创业等各种选择做好准备,注重积累实践经验

续表

温馨提示	① 有些学生英语基础较差,尤其是口语和听力基础薄弱,导致其对英语的学习热情不高、信心不足,这部分学生需要进行针对性的心理指导 ② 要营造注重实习、积极就业的氛围,最直接的方法就是组队学习,班主任做好监督、检查工作 ③ 结合相关案例,对学生进行端午节节前安全警示教育 ④ 杜绝各类考试中的作弊行为,告知学生作弊的后果严重性
相关知识链接	①《桂林理工大学学风建设提升办法》 ②《桂林理工大学本科生英语四级培训提升活动方案》

表8.59　大三年级工作要点

(春季学期:第17~18周)

工作重点	暑期安全教育、大三学年总结
工作目标	协助辅导员开展大三年级暑期留校学生日常管理工作,包括考勤及考研指导;强调实习安全的重要性,做好其他学生的暑期就业见习和社会实践活动指导;针对整个大三学年进行学年总结
主要内容	① 暑期安全教育,注意出行、饮食及网络安全 ② 学生暑期就业见习、社会实践指导 ③ 针对学生学习生活情况,做好大三学年的总结工作
温馨提示	① 暑假期间会有考研的学生留校复习,在此期间做好学生的日常管理、考勤以及考研科目相关的指导教育 ② 大学生暑期就业见习以及社会实践过程中安全教育 ③ 引导学生做好职业生涯规划总结,对于大三学年中的所学、所思、所想进行系统性总结凝练,将学习、工作、生活中的宝贵经验编辑成册
相关知识链接	①《桂林理工大学学生手册》 ② 学生假期离校、暑期留校相关管理规定 ③ 大学生暑期社会实践活动相关管理规定 ④ 大学生暑期就业见习相关管理规定 ⑤ 大学生职业生涯规划总结

表 8.60　大三年级工作要点

（春季学期：第 19～20 周）

工作重点	做好暑期考研留校学生的教育及管理工作
工作目标	指导暑期留校学生的考研复习,使备考学生学会科学高效地利用暑期时间；做好家校联系工作,让家长充分掌握学生在大三下学期在校期间的学习生活情况
主要内容	① 做好暑期考研留校学生部署工作 ② 开展家校联系工作
温馨提示	① 掌握暑期留校学生人数及宿舍安排情况,对留校学生进行安全教育,包括宿舍防火防盗、严禁下河游泳、注意防暑降温等 ② 为更好地掌握留校学生动态,建议指定1～2名留校学生联络员 ③ 家校联系工作建议着重联系在本学期内有心理问题、"挂科"、受处分等需要重点关注的学生家长
相关知识链接	① 《桂林理工大学学生手册》 ② 大学生安全教育及管理相关规定 ③ 大学生住宿相关管理规定 ④ 大学生假期离校请假相关管理规定

第四节　大四年级工作要点

一、工作目标:关注学生考研就业,指导学生走向社会

大学四年级是学生大学生涯的最后一年,班主任应关心每一位毕业生的前途。建立全方位、科学有效的就业指导服务体系,完善毕业生去向数据库,加强毕业生对求职与职场生存技能技巧的认识与了解,指导学生做好从校园走向社会的准备。

二、工作重点

（1）做好就业摸底工作，进行就业分流，对考研、创业、就业、出国等学生，开展针对性的指导工作。

（2）提供就业帮扶，指导学生就业。按照学院部署，结合学院、专业特点，开展以下相关工作：通过就业指导讲座、职业理想教育等，提高学生就业技能，增强学生就业竞争力；采集毕业生信息，供用人单位查询；办理就业相关手续；发放相关材料；开拓就业市场，设法拓宽就业渠道。

（3）帮助学生适应角色的转变。大四学生开始求职就业，要完成从大学生到职业人角色的转换。

（4）搭建信息平台，畅通就业（考研）信息渠道。通过 QQ 群、微信等形式，及时向学生发布就业（考研）信息。

（5）加强毕业生思想和心理辅导，确保就业工作的稳定。

（6）做好党建工作，加强毕业班党员教育，严把毕业班党员发展关。

（7）做好安全文明离校教育，营造和谐校园氛围。

（8）做好离校后的就业跟踪工作，针对一些离校时未就业的学生，学院要加强就业指导。

三、工作难点

（1）在外实习和求职学生的安全教育和管理工作。

（2）积极引导学生树立正确的就业观，积极推进就业工作。

（3）为考研学生营造良好的学习环境，做好配套工作。

（4）进一步拓展就业渠道，提升就业质量。

四、日常工作安排

以下以两周为单位对班主任工作内容进行规划，并以桂林理工大学的相关做法为例进行讲解（表8.61～表8.80）。

表 8.61　毕业班工作要点

（秋季学期：第 1~2 周）

工作重点	就业意向调查了解
工作目标	了解毕业班学生返校情况，调查学生具体就业意向
主要内容	① 排查学生返校情况，与未返校学生直接联系，了解具体未返校原因，确定学生返校具体时间 ② 根据学院就业意向调查表，开展学生就业意向调查工作（若大部分学生未返校，此项工作可延后开展） ③ 开展开学初安全教育工作（重点做好人身安全、财产安全、求职信息安全教育）
温馨提示	① 要及时掌握学生未返校的具体情况、具体原因以及返校的具体时间 ② 注册报到完毕后，建议在开学初两周内走访学生宿舍，了解学生思想动态，鼓励学生尽快进入毕业生的状态
相关知识链接	毕业生相关求职网站、APP：桂林理工大学毕业生网（https://www.xjy.cn/ceping/holland.html）、智联招聘、应届毕业生求职网、广西毕业生就业网等

表 8.62　毕业班工作要点

（秋季学期：第 3~4 周）

工作重点	就业动员
工作目标	提升学生就业意识，明确就业目标，做好就业准备
主要内容	① 对前期收集的学生就业意向进行分析，召开"就业动员"主题班会，重点是帮助学生树立积极的就业心态，准备就业相关材料 ② 组织召开考研经验交流会，邀请研究生学长、专业教师进行面对面经验交流活动 ③ 组织班级做好家庭经济困难学生认定工作 ④ 根据学校安排做好本科推免硕士学位研究生工作 ⑤ 开展"十一"假期安全教育，重点做好国庆后学生返校纪律要求

温馨提示	① 毕业班的家庭经济困难学生认定工作容易出现矛盾,要加强对学生家庭经济状况的深入了解 ② 10月之后将是校园招聘的高峰期,注意提醒学生做好就业材料的准备工作,做好班级就业不积极学生的思想工作 ③ 关注和重视优秀学生的研究生推免工作,并及时做好未获得推免资格的学生的思想工作
相关知识链接	①《桂林理工大学推荐优秀应届本科生免试攻读硕士学位研究生工作管理办法》(桂理工研〔2016〕10号) ② 中国研究生招生信息网(http://yz.chsi.com.cn/)

表8.63 毕业班工作要点

(秋季学期:第5~6周)

工作重点	考研动员与就业准备
工作目标	动员学生积极报考硕士研究生,加强优良学风建设
主要内容	① 做好本班学生考研报名信息的调查与汇总工作 ② 了解本班"挂科"较多学生的情况,开展有针对性的学业指导 ③ 针对就业积极性不高的学生,做好具体就业指导工作 ④ 指导本班获得推免资格的学生填报志愿,做好复试指导工作
温馨提示	① 针对班级一些"挂科"较多,或同一门课程反复重修且没有通过的学生,开展有针对性的学业指导,如帮助其分析"挂科"原因,制订学习计划等;必要时要与其家长进行沟通,通报学生具体情况,与家长共同做好指导工作 ② 根据情况,为报考硕士研究生学生提供政策和技巧指导
相关知识链接	①《桂林理工大学本科学生学籍管理规定》(桂理工教〔2017〕26号) ② 关注国家、各高校考研分数线相关信息

表8.64 毕业班工作要点

(秋季学期:第7~8周)

工作重点	推进就业工作

续表

工作目标	强化学生积极主动就业意识,推进就业开展工作
主要内容	① 关注并组织学生参加各类校园招聘活动,向企业推荐毕业生,并为学生进行现场就业指导 ② 与教学秘书沟通,了解本班学生毕业资格审查情况,提前做好学生学业预警工作,为学生顺利毕业做好准备
温馨提示	10月之后是校园招聘高峰期,但个别学生会表现不积极、不主动,班主任要关注学生参加招聘会情况,及时和不积极主动就业学生进行深入沟通,了解他们的问题和困难,帮助他们积极就业
相关知识链接	桂林理工大学毕业生网(http://www.doerjob.com/nologin/school.htm)

表8.65　毕业班工作要点

(秋季学期:第9～10周)

工作重点	就业技巧和实践经验介绍
工作目标	通过介绍就业技巧和实践经验,帮助学生提升就业技能
主要内容	① 总结前一阶段就业工作,组织召开以"就业"为主题的班会,请已签约、已参加面试的同学分享自己的求职经验,提升就业技能 ② 进行学生实习安全教育,冬季防火、用电安全教育 ③ 与预计不能顺利毕业的学生进行深入交流和沟通,帮助学生厘清存在的问题和困难,帮助其顺利毕业
温馨提示	① 高年级学生容易出现纪律意识淡薄情况,因此班主任在日常工作中要注重增强毕业生纪律意识,通过强化纪律要求,加强安全教育工作 ② 大多数"挂科"学生的学习主动性较差,班主任可采取多鼓励的方式帮助学生建立信心,同时加强与学生家长的沟通,共同做好督促学生学习的工作
相关知识链接	①《桂林理工大学学生安全教育及管理暂行规定》(桂理工学〔2011〕50号) ②《桂林理工大学学生违纪处分条例》(桂理工学〔2017〕35号)

表8.66 毕业班工作要点

（秋季学期：第 11~12 周）

工作重点	推进就业工作,提高学生就业积极性
工作目标	提升学生就业技能与主动性,帮助学生实现就业目标
主要内容	① 统计本学期以来学生参加"双选会"、专场招聘会等签约情况,及时与辅导员沟通班级就业情况,与教研室主任沟通本专业就业情况,共同做好就业工作 ② 与个别就业意向不强烈的学生进行谈心谈话,深入了解学生不积极就业的主要原因,并为开展具体的指导工作做好准备 ③ 召开"安全教育"主题班会,结合历年安全事件,禁止学生在宿舍使用大功率电器、私自改装线路、乱拉电线、使用明火（包括点蚊香、吸烟、点蜡烛）等,提醒学生离开宿舍时要断水、断电
温馨提示	① 大多数毕业生就业意愿比较主动积极,但个别学生因学习成绩不佳、性格较为内向等,在就业过程中表现出不积极主动、就业意向不强烈等,对此班主任应和学生进行深入交流,了解学生的具体情况,为其做好就业指导 ② 冬季来临,学生容易出现违规使用大功率电器的情况,班主任可到学生宿舍进行安全检查和安全教育
相关知识链接	① 上海商学院宿舍火灾实例（http://sh.sohu.com/s2008/xyhz/） ②《桂林理工大学学生日常行为规范》（桂理工学〔2017〕46号） ③《大学生安全教育教程》（王赣华,高等教育出版社） ④《桂林理工大学学生安全教育及管理暂行规定》（桂理工学〔2011〕50号）

表8.67 毕业班工作要点

（秋季学期：第 13~14 周）

工作重点	培养树立正确就业观
工作目标	以社会主义核心价值观教育为引领,加强学生的诚信教育、社会责任感教育,引导学生树立正确的就业观念

续表

主要内容	① 介绍本专业本科、研究生毕业生毕业后从事的工作及发展路径等,加强学生对本专业今后职业发展的了解 ② 通过召开主题班会等形式,以诚信教育等为重点,做好学生的正确就业观培养
温馨提示	通过组织学生开展重温"桂工精神"等主题活动,加强对桂林理工大学"勤奋、求实、献身、开拓"校风的认识,帮助学生提升诚信就业的意识,端正就业心态,提前认识就业岗位的特性,加深对行业、职位发展的了解
相关知识链接	"桂工精神"的核心内容为艰苦创业、敬业奉献、团结协作、开拓创新。1997年6月,原国家教委专家组对我校进行本科教学工作合格评估。全体"桂工人"以高度的责任感和主人翁精神,团结协作,敬业奉献,同心同德,艰苦奋斗,以高昂奋进的工作热情,求真务实的工作作风,顺利地通过了评估。当时的"桂工人"给专家组的同志们留下了深刻的印象。专家组在评估反馈会上高度评价桂工人的这种精神,并称之为"桂工精神"。为此,1998年3月,时任党委书记刘积夫同志在教代会上对"桂工精神"从具体内容上进行了总结和概括:"以桂工的发展建设为己任的主人翁精神;对工作高度负责、一丝不苟的敬业精神;不甘人后、自强不息的进取精神;顾全大局、全院上下一盘棋的协作精神;把学院的整体利益和长远利益放在第一位的奉献精神及不等不靠、不怕苦不畏难的艰苦奋斗精神。"此后,"桂工精神"又得到了进一步的继承和发扬。2004年11月,教育部本科教学评估专家组再次对"桂工精神"做了充分的肯定,并将"桂工精神"写进了评估意见

表8.68　毕业班工作要点

（秋季学期：第 15～16 周）

工作重点	考研冲刺动员
工作目标	关心关爱考研学生,为考研学生鼓劲,增强学生信心
主要内容	① 与本班考研学生进行深入交流,了解他们的思想动态,解答他们的困惑,增强他们的信心 ② 开展班级考风考纪诚信教育,指导学生合理制订期末专业课复习计划,进一步提高复习效率

续表

温馨提示	① 进入考研倒计时,学生思想容易出现波动,班主任要及时了解学生的思想动态,及时做好开导工作 ② 毕业生的重修考试往往会对其能否顺利毕业产生影响,因此学生会有较大的压力,班主任要特别关注重修学生的复习情况,及时给予鼓励和指导
相关知识链接	《桂林理工大学考试管理规定》(桂理工教〔2014〕27号)

表 8.69　毕业班工作要点

(秋季学期:第 17~18 周)

工作重点	毕业设计、论文相关准备工作
工作目标	了解学生的毕业设计、论文相关进展工作
主要内容	① 对本班学生毕业设计、论文开题情况太进展情况进行了解和指导 ② 做好学生请假提前离校、请假外出找工作的相关安全教育和纪律要求
温馨提示	① 毕业设计、论文是毕业生的重要学习任务,班主任在期末对学生此项工作进行了解和开展具体指导,有利于帮助学生顺利实现毕业目标 ② 临近期末,毕业生本学期课程结束后,会出现较多请假提前离校或者请假外出找工作情况,班主任要高度重视,及时做好安全教育和相关纪律要求
相关知识链接	① 桂林理工大学毕业生外出请假相关规定 ② 就业安全知识

表 8.70　毕业班工作要点

(秋季学期:第 19~20 周)

工作重点	期末工作总结
工作目标	加强毕业生的安全教育、纪律教育,保障毕业生假期及下学期的安全稳定

续表

主要内容	① 对半学期以来的班级工作进行总结,对假期求职、下学期开学返校做好安全教育和纪律要求 ② 统计本班级的就业情况,并对此进行分析,对个人就业意向不强烈、就业困难的学生进行具体的教育和指导 ③ 开展家校联系工作
温馨提示	① 毕业班第一个学期是就业求职的高峰期,但极个别学生会因自身原因表现出就业意向不强烈的情况,班主任要及时深入地了解学生的具体原因和问题,做好个体的指导和教育工作 ② 本学期的家校联系重点对象是有可能不能按时毕业、"挂科"情况比较严重学生;班主任除了通过寄送家校联系单与家长沟通外,必要时可通过电话形式,与家长进行直接沟通,确保家长及时准确了解学生的具体情况,共同做好教育
相关知识链接	《桂林理工大学本科学生学籍管理规定》(桂理工教〔2017〕26号)

表8.71 毕业班工作要点

(春季学期:第1~2周)

工作重点	开学初学生思想动态的掌握
工作目标	掌握学生思想动态,做好春季学期安全教育
主要内容	① 排查学生返校具体情况,与未按期返校学生进行直接联系,确保学生安全 ② 深入学生宿舍,了解学生思想动态 ③ 召开班会,进行安全教育,重点内容是春季饮食安全、外出交通安全、人身财产安全等
温馨提示	毕业生开学初会因在外实习或找工作等原因,出现较多学生不能按期返校的情况,班主任要对班级学生的具体情况进行全面了解,针对未返校学生,要通过电话、QQ等形式直接与其联系,了解具体情况
相关知识链接	了解春季常见流行病相关知识

表 8.72　毕业班工作要点

（春季学期：第 3～4 周）

工作重点	学生思想动态深入了解
工作目标	通过了解学生思想动态，做好开学初班级工作
主要内容	① 调查了解考研学生初试成绩，为学生录取、调剂等做好准备，特别是要加强做好学生调剂回本校的相关思想动员工作 ② 做好春季校园招聘会的动员和组织工作，特别是做好未就业学生的组织参会工作 ③ 做好未就业学生的思想工作，深入了解学生未就业的真实具体原因，加强个体化指导
温馨提示	① 通常3月初可查询考研成绩，但各院校的录取分数公布相对滞后，班主任可根据上一年录取成绩，对本班考研情况做一个总体分析，提前做好调剂工作 ② 通常，学校会在3月份组织大型校园招聘会，班主任要及时关注相关信息，组织好学生参加
相关知识链接	中国研究生招生信息网考试网(http://yz.chsi.com.cn1)：关注调剂系统开放时间、可调剂院校和专业等

表 8.73　毕业班工作要点

（春季学期：第 5～6 周）

工作重点	考研学生相关工作和安全教育
工作目标	为考研学生录取、调剂做好准备工作，提升学生就业质量
主要内容	① 结合前期了解的学生研究生初试成绩，有针对性地做好学生复试、调剂的指导工作，充分发挥社会资源，协助学生联系导师，提高研究生复试通过率 ② 调查了解班级学生就业签约具体情况，了解学生未就业的具体原因，并针对具体原因进行个别指导，充分发挥社会资源，为学生推荐工作 ③ 开展清明节、"三月三"节假期安全教育工作，并强调学生在节假日期间及离校期间的相关纪律要求

续表

温馨提示	① 考研学生在调剂志愿时会出现犹豫和盲目的情况,班主任要及时了解学生的具体情况,帮助学生做好调剂工作,鼓励学生调剂回本校攻读研究生学位 ② 4月假期较为密集,毕业生课程学习任务较少,容易出现离校时间较长等情况,班主任要结合学校纪律要求的相关规定,明确相关要求
相关知识链接	①《桂林理工大学学生安全教育及管理暂行规定》(桂理工学〔2011〕50号) ② 毕业生外出请假相关规定

表8.74 毕业班工作要点

(春季学期:第7～8周)

工作重点	毕业、就业困难学生个体指导
工作目标	通过了解毕业、就业困难学生的具体情况,帮助其分析原因,树立目标
主要内容	① 调查了解毕业、就业困难学生的具体情况,针对性地开展个体指导工作 ② 了解本班建档立卡学生具体就业情况,与未就业的建档立卡学生进行深入沟通,并按照相关要求,进行"一对一"帮扶和推荐就业工作 ③ 指导考研失利学生重新确定择业方向,积极就业;积极推荐学生就业
温馨提示	建档立卡贫困生实现百分百就业、百分百帮扶是政策要求,班主任必高度重视此项工作,及时与辅导员沟通,了解本班建档立卡学生名单,做好建档立卡学生的毕业、就业情况跟踪工作
相关知识链接	① 国务院扶贫办印发的《扶贫开发建档立卡工作方案》(http://www.scfpym.gov.cn/show.aspx?id=25605) ② 广西教育厅规定,开展"农村建档立卡贫困户家庭普通高校毕业生就业帮扶行动",将"建档立卡毕业生是否100%实现就业"纳入学校年度就业工作考核指标。同时要求各高校建立和完善校级—院系—班级三级联动机制,指定专人负责,对建档立卡毕业生开展"一对一"心理咨询,对有就业意愿且尚未落实就业岗位的毕业生,至少为其提供3个以上的工作岗位信息,并优先向用人单位推荐

表 8.75　毕业班工作要点

（春季学期：第 9～10 周）

工作重点	"五一"假期教育，毕业生返校
工作目标	了解掌握学生情况，督促未返校学生返校，做好毕业答辩前的准备
主要内容	① 清查本班学生在校情况，掌握在外实习且未在校的学生名单和具体情况 ② 督促在外实习学生返校，要求学生积极完成毕业答辩前的相关准备工作 ③ 开展"五一"假期的安全教育工作
温馨提示	这一时期，因工作单位要求、找工作等情况，毕业生会出现经常不在校情况，班主任应特别注意学生的在校情况，一旦出现学生失联等情况，要及时上报学院、学校
相关知识链接	《桂林理工大学学生安全教育及管理暂行规定》（桂理工学〔2017〕50 号）

表 8.76　毕业班工作要点

（春季学期：第 11～12 周）

工作重点	组织学生参加完成毕业答辩
工作目标	根据教学安排，组织落实好班级学生毕业答辩相关工作
主要内容	① 根据教学安排，组织落实好班级学生毕业答辩相关工作 ② 及时了解毕业生答辩中出现的问题，及时给予学生必要的关注和指导
温馨提示	这一阶段，学生忙于毕业答辩等工作，在校情况相对比较稳定，但个别学生因毕业论文、毕业设计准备不充分，可能会出现焦虑等情绪波动情况，班主任要及时了解学生思想动态，与毕业生实习指导教师沟通，共同做好指导工作
相关知识链接	

表8.77 毕业班工作要点

（春季学期：第 13～14 周）

工作重点	毕业生文明离校
工作目标	做好毕业生安全文明教育，实现安全文明离校目标
主要内容	① 了解未就业学生的具体情况，分析问题，解决困难，做好具体指导 ② 召开"毕业生安全文明离校"主题班会，重点是做好饮食安全、禁止酗酒、晚归的相关纪律要求 ③ 指导毕业生办理离校手续 ④ 掌握学生离校情况，对未离校学生做好教育和管理工作
温馨提示	① 毕业生答辩完成后，学生会组织各类活动庆祝大学毕业，包括毕业旅行、毕业聚餐等，班主任要经常深入宿舍，与学生沟通加强感情，并重点做好安全教育工作 ② 这一阶段因各项毕业相关的工作基本结束，学生安全事故容易呈现高发状态，班主任务必把工作重点落实在学生安全教育上
相关知识链接	① 毕业生文明离校相关文件 ② 安全教育实例：近期发生的交通安全、饮酒事故等实际案例

表8.78 毕业班工作要点

（春季学期：第 15～16 周）

工作重点	毕业生感恩母校教育
工作目标	做好毕业生感恩母校教育，加深毕业生与母校间的情感维系
主要内容	① 继续加强毕业生离校前的安全文明教育工作 ② 高度重视毕业生心理状况，特别要重点关注毕业答辩不顺利学生、未就业学生、因"挂科"不能如期毕业学生等，了解其具体原因，及时做好教育引导工作，与毕业生辅导员加强沟通 ③ 做好端午节假期的安全教育工作 ④ 组织开展感恩母校、感恩教师、感恩同学的系列活动，加深毕业生对学校、老师和同学之间的感情；做好毕业服务工作，帮助毕业生顺利办理离校手续，解答毕业生的困难和问题

续表

温馨提示	① 毕业前夕属于学生思想状况波动较大的时期,班主任要特别注意学生的思想波动,避免出现学生因就业压力、毕业压力过大而出现一些过激的行为,如离校出走、同学产生冲突等,班主任要多深入学生宿舍,加强与班级班干、学生党员的沟通,确保能在第一时间掌握信息,发现问题要及时向学院、学校报告 ② 毕业生离校前夕,要通过组织主题班会,开展系列感恩教育活动,做好毕业服务工作,以加深毕业生与母校间的情感维系,引导毕业生今后走上社会也不忘母校的培养教育之恩
相关知识链接	安全教育实例:近期发生的影响较大的交通安全事故、人身安全等实际案例

表 8.79 毕业班工作要点

(春季学期:第 17~18 周)

工作重点	毕业典礼等与毕业相关的重要活动
工作目标	组织好毕业生参加毕业典礼等各项重要活动,增强毕业生对母校的感情
主要内容	① 根据安排,组织好学生参加毕业典礼等重要活动 ② 根据工作要求,做好毕业生离校后的信息(特别是通讯方式)的收集汇总工作,为后期工作做好准备
温馨提示	毕业生离校不等于毕业生工作的结束,班主任要注意及时收集汇总班级学生的各类信息,特别是手机号、QQ 号、微信号、电子邮箱等,为今后开展就业复查、专业认证等做准备;做好学生信息的安全和保密工作
相关知识链接	① 毕业生文明离校相关文件及学院相关日程安排 ② 学位服着装礼仪

表8.80 毕业班工作要点

（春季学期：第 19～20 周）

工作重点	就业复查
工作目标	完成就业复查，做好就业考核相关工作
主要内容	① 根据学校、学院相关要求，做好毕业生就业复查的相关材料填写和上报工作 ② 加强与毕业生的沟通，重点了解未就业学生的具体情况，充分利用自己的社会资源，积极推荐未就业学生就业 ③ 关注未能按期毕业学生的思想动态，做好学习指导和思想工作
温馨提示	① 就业复查是就业工作中的一项重要而具体的工作，其主要目的是通过核对就业信息的真实性，提升就业质量；班主任要重视此项工作，并注意与毕业生保持联系，确保此项工作顺利完成 ② 此段时间毕业生已基本离校，但仍有个别因需要参加课程考试未能按期离校的毕业生，班主任要注意做好此类学生的学习指导和思想工作
相关知识链接	学校关于开展就业复查的相关文件

附录一　桂林理工大学优秀班主任典型工作案例

在高校班主任工作中涌现了诸多优秀个体，本附录以桂林理工大学的优秀班主任为例，对其工作业绩和工作案例进行简要介绍，以便后来者有所借鉴。

1. 耿俊茂

年龄：48岁

政治面貌：中共党员

学院：地球科学学院

分管班级：资勘2015级实验班

从事学生工作年限：18年

耿俊茂

任职经历

曾任桂林工学院①材料工程系辅导员、资源与环境工程系分团委书记、党委办公室副主任，桂林理工大学基建处副处长、地球科学学院党委副书记、机械与控制工程学院党委副书记、机械与控制工程学院党委书记。

现任桂林理工大学马克思主义学院党委书记。

所带班级获奖情况

- 校级优秀团干部(1人)、优秀团员(1人)。
- 校级"三好学生"(2人)。
- 校级特等奖学金(1人)、一等奖学金(1人)、二等奖学金(4人)、三等奖学金(4人)。

---

① 桂林工学院前身为冶金部一所地质中专学校，1978年改为桂林冶金地质学院，有了本科专业，以培养地质人才为主，兼有管理、旅游类专业。1994年再次改校名为桂林工学院，增加了建筑，市政给排水，材料学等专业。2009年，又一次变更校名，叫桂林理工大学，为一所以理工科为主的综合性院校。

耿俊茂班主任典型案例

2018—2019学年,耿俊茂老师担任资勘2015级实验班班主任,该班共有学生22人。该班级是一个班风良好、学风浓厚、凝聚力强、充满生机的大家庭,也取得了优异的成绩,一大批同学获得了先进个人等荣誉。在老师和各位同学的共同努力下,各项工作均能顺利开展并取得了一定的成绩。

(一) 班级制度完整

在班级制度建设方面,耿俊茂老师充分发扬民主集中制,先后制定了班级选举制度、班级决策制度、班级财务制度、班级会议制度和班级值日制度。在班级工作中力求做到制度化、规范化和科学化,将整个资勘15-1实验班凝聚成一个团结向上的集体。在每月一次的班会上,耿俊茂老师都会与同学们沟通,深入探讨同学们在学习和生活中存在的各种问题,并提出有效的解决办法。

(二) 政治上积极向上,精神面貌良好

思想是旗帜。在思想建设方面,耿俊茂老师和班委、班级学生干部们"打成一片",以了解同学们的思想动态,及时做好班级成员们的思想工作,并随时向辅导员汇报情况,力求在思想上永远与党组织保持高度一致。班级成员们关心国家大事,并且积极主动要求入党,其中党员起到了模范带头作用。

(三) 学习风气浓厚,团支部成绩优秀

班级在学习上所取得的成绩,与耿俊茂老师为学风建设做出的努力是分不开的。在辅导员老师和耿俊茂老师的带领下,班级经常召开班会,整顿学风,不断强调学习的重要性,使全班成员都将学业放在首位,在搞好学习的前提下,力求全面发展。该班已有18人通过英语四级考试,4人通过英语六级考试,耿俊茂老师还积极引导学生考研就业,班级考研率达到80%,初次就业率达到100%。

(四) 积极组织各项课外活动

在抓好班级建设的同时,耿俊茂老师也没有忽视开展课外活动。积极开展活动可以丰富班级成员们的业余生活,开拓他们的视野。班干部定期组织全班成员开展多项文体活动,班级成员们参与的积极性很高,反响也很热烈。耿俊茂老师争取让所有的班级成员都能参与到班级活动中,这一系列的活动对于增强班级的凝聚力起到了很大的作用。

2. 郝文佳

年龄：40岁
政治面貌：中共党员
学院：环境科学与工程学院
分管班级：给排水2015-3班
从事学生工作年限：13年

郝文佳

任职经历

曾任桂林理工大学学工处干事、理学院团委书记、南宁分校学工组组长、理学院党委副书记。

现任桂林理工大学环境科学与工程学院党委副书记。

所带班级获奖情况

- 2018—2019学年度优良学风班。
- 2017—2018学年"国家奖学金"(1人)。
- 2017—2018学年"国家励志奖学金"(2人)。
- 2017年第三届中国"互联网＋"大学生创新创业大赛校级初赛团体项目二等奖(8人)。
- 2018年获校级三好学生、优秀共青团干部(8人)。

郝文佳班主任典型案例

班主任工作是一本"难念的经"，经常和学生打交道，工作是琐碎的、繁重的，在烦闷和劳累的同时，伴随着无尽的欢乐、无限的自豪和莫大的欣慰。回顾四年的班主任生涯，郝文佳认为，他收获的是领导的肯定、同事的好评和同学们的爱戴，虽苦虽累但也值得。四年的班主任工作，让他深刻地体会到：只有勤勤恳恳，任劳任怨才会有收获、有所得。

(一) 抓班风，促学风

自担任班主任以来，郝文佳老师与学生相处融洽，积极培养以班干部为中心的学生骨干力量，充分调动班干部的积极性，挖掘各自的潜力，以传帮带的方法，激励全班同学共同进步。他鼓励学生积极竞选学院、学校学生会干部，同时帮助他们处理好学习与工作的关系。

在四年的大学本科生活中,他所带的学生每学年积极组织各种班级活动多达十余次。通过开展各项活动,增强了班级的向心力、凝聚力、战斗力。

经过四年的校园学习,该班涌现出了一批有思想、有魄力的学生。其中,1人获国家奖学金,2人获国家励志奖学金,18人获校级奖学金,3人荣获桂林理工大学"优秀学生干部"称号,3人荣获桂林理工大学"三好学生"称号等,多人进入校学生会工作。看着同学们取得的成绩,郝文佳老师感到由衷的欣慰。

(二)重创新,促实践

鼓励学生在抓好学习的同时,积极参与"大学生节能减排社会实践与科技竞赛"和大学生科技立项等课外社会实践与科技活动。其中,有两组共9人获得大学生创新创业基金,4人获校级科研创新能力奖,其中郝文佳老师指导本科生获得一项国家级大学生创新创业训练计划项目,并指导学生参与"辅导员大数据工作室"科研工作。

(三)拓视野,促就业

在学生刚入学时,郝文佳老师就提醒学生要在学好知识的同时,不断地进行社会实践活动,以拓宽自己的视野,增强自己的社会工作能力,为就业奠定基础。在本科学习期间,就有1名同学开始创业;多名同学利用假期进行社会实践;多人参与到指导老师的科研项目中。学生们通过假期体验社会百态,增强了动手能力,拓宽了知识面,增长了社会见识。在今年毕业生中,郝文佳老师所带班级的就业率在全院名列前茅。

3. 覃爱苗

年龄:48岁

政治面貌:无党派人士

学院:材料科学与工程学院

分管班级:材料类2019-7班

从事学生工作年限:12年

覃爱苗

任职经历

现任桂林理工大学材料科学与工程学院教授。

所带班级获奖情况

- 国家励志奖学金(1人)。
- 桂林理工大学校级二等奖学金(6人)。
- 桂林理工大学校级三等奖学金(10人)。
- 新生杯数学竞赛三等奖(1人)。
- 英语配音大赛二等奖(1人)。
- 新生才艺大赛二等奖(1人)。
- 军训先进个人(1人)。
- 优秀社会实践个人(1人)。

覃爱苗班主任典型案例

(一)思想政治方面

覃爱苗老师经常给学生传播正能量,积极引导学生向组织看齐,鼓励学生积极递交入党申请书,2019—2020学年该班级内有7名学生被评为入党积极分子。

(二)学习方面

为提高同学们的学习效率,覃爱苗老师组织学生成立了9个学习小组,包括英语小组、数学小组和化学小组等,并建立了各个小组的学习群,由学习委员担任总负责,各小组组长负责各个小组的学习情况。通过小组学习形式,同学们的学习积极性得到了提高,学习效果显著:英语四级通过人数达到13人,在年级8个普通班中首次通过人数最多,且通过率排名第二;17人获得奖学金(全年级最多),其中1人获得国家励志奖学金,6人获校级二等奖学金,10人获三等奖学金,获奖率达44.7%。同时,覃爱苗老师积极动员同学们考研,并通过各种途径告知考研的各种信息。在考研意向调查中,有超过一半的同学有考研的打算。

(三)日常工作方面

覃爱苗老师每周自觉认真完成学校要求的班主任"5个1"任务。此外,经常与学生进行交流,及时了解学生的心理动态,并在2019年秋组织了一次全班校外活动,增进了师生感情及学生之间的交流和了解。

(四)班风方面

覃爱苗老师努力营造班级良好学习氛围,注意调节学生之间的关系,努力使同学之间相处融洽相互帮助。鼓励学生既要努力学习,也要积极锻炼身体及参加各项活动。在各种活动中,班级学生获得新生杯数学竞赛三等奖、学校才艺大赛二等奖、英语配音大赛二等奖、优秀社会实践个人、班级团日活动优胜奖等荣誉。

4. 李南

年龄:36岁

政治面貌:中共党员

学院:化学与生物工程学院

分管班级:化工2019级卓越班

从事学生工作年限:9年

李南

任职经历

曾任桂林理工大学学生工作部(学生工作处)学生管理科科员、学生工作部(学生工作处)学生管理科副科长、信息科学与工程学院学工组组长、学生工作部(学生工作处)思想教育科科长。

现任桂林理工大学化学与生物工程学院党委副书记、纪委书记。

所带班级获奖情况

- 2019—2020学年"优良学风班"。
- "互联网+"广西壮族自治区银奖(2人)。
- 国家励志奖学金(1人)。
- 广西壮族自治区政府奖学金(1人)。

李南班主任典型案例

(一) 创新发展形式,推动学生发展

"不以规矩,不成方圆。"李南老师通过制定班规,在学生中树立起客观、公正、公平、积极的形象;充分发挥班干作用,建立完全自主的班级管理模式;关爱每一位学生,积极帮助,激励学生去改正错误,努力学习。通过一系列的创新管理方法,该班级在纪律、学习、卫生等方面取得较好的成绩。

李南老师注意培养学生挑战意识,如竞选班干部,鼓励学生毛遂自荐、挑战自我、超越自我,帮助学生建立良好的自信心,积极参与各项活动,发现了不少学生的闪光点。学生们为了争取优秀,都"暗暗较劲",处处以高标准来要求自己。看到学生们的点点进步,李南老师的喜悦不言而喻。

(二)加强班级管理,培育良好学风

班级学风建设对于加强班级凝聚力,帮助学生乐学、善学很有帮助。因此,李南老师一直秉承"培育良好学风"的理念来加强班级管理。

一是重点抓上课、早晚自习出勤率,强调不允许随便缺课和迟到,有特殊理由的,必须按学校要求办理正规的请假手续,无特殊理由的不允许随便请假。对于缺课现象比较多的同学,进行个别谈心交流,力求纠正学习态度。

二是随时留意学生的考试成绩,做好各项统计数据,开班会的时候及时反馈给学生,提醒大家注意查看。查询学生"挂科"原因,督促其假期认真复习备考。

三是帮助学生了解专业特点,力求使学生有明确的学习目标,帮助同学们选择专业方向,并提供一些专业竞赛的信息和常识。该班学生在参与各项课外科技竞赛活动方面表现得非常积极。

四是经常督促学生学习、争取一次性通过英语四、六级考试,鼓励学生为考研、就业等早做准备,同时也关注考试不理想的学生补考、重修选课等事宜,帮助他们解决一些实际问题。

(三)注重沟通交流,培育优秀班干

注重班干队伍的培养,好的班干队伍才能带出一个出色的班集体。

一是建立健全班级规章制度,按期进行班委换届,培养学生之间团结、互助和友爱的意识,树立学生强烈的集体荣誉感。

二是通过经常开会、面谈、电话以及QQ等多种形式与学生和学生干部沟通,听取情况汇报,提供意见和建议指导工作,注意调动学生积极向上的进取精神,保证班级各项工作顺利开展。

5. 王盛

年龄:41岁

政治面貌:中共党员

学院:土木与建筑工程学院

分管班级:建筑2015-2班

从事学生工作年限:10年

王盛

> 任职经历

曾任桂林工学院组织部人事处干事;桂林理工大学材料学院团委副书记(主持工作)、材料学院团委书记,桂林市秀峰区团委副书记,桂林理工大学环境学院团委书记、学工组组长及土建学院党委副书记、纪委书记。

现任桂林理工大学人事处副处长。

> 所带班级获奖情况

- 2018年11月获广西高校团工委"活力团支部"。
- 2019年3月获广西团区委"五四红旗团支部"。
- 2019年10月获桂林理工大学"五四红旗团支部"。
- 2019年10月获桂林理工大学优良学风班。
- 2019年10月获桂林理工大学先进班集体。

> 王盛班主任典型案例

（一）班风建设方面

建筑2015-2班始终是一个团结奋进、朝气蓬勃、成绩斐然的集体。班级连续四年荣获学校"五四红旗团支部""优良学风班"等称号,还荣获学校"先进班集体""十佳团支部"等表彰;2018年11月,被广西高校团工委授予"活力团支部";2019年3月,被广西团区委授予"五四红旗团支部"。

（二）学风建设方面

该班个人获奖共有158项,其中文化类奖项占105项,奖学金获取相较同年级同专业班级高37.6%。至毕业时,该32人中,共有学生党员12人,占同专业学生党员人数的80%;共有7人考取硕士研究生(其中2人被英国高校录取),是全院考研录取率的2倍多;英语四级通过率达93%,远超学院平均水平。

（三）学生思想、学习和生活情况方面

在大四最后一个学年,王盛老师着重做了以下几个方面的工作:

一是结合学生发展需求,做好服务保障工作。毕业年级学生目标明确,学习生活紧张有序。他针对学生们不同发展需求,及时开展谈心谈话,通过专题讨论、针对辅导,解决学生困惑和实际困难,创造良好氛围,服务学生成长。

二是认真落实职责,做好班级管理。按时组织班会,走访宿舍,联系家长,在新型冠状病毒感染疫情期间做好防疫教育等工作,班级运行平稳。

三是开展爱校荣校活动,留下母校印记。返校前后,组织同学开展班级活动,感恩母校,感念同学情谊。

6. 周明权

年龄:41岁

政治面貌:中共党员

学院:测绘地理信息学院

分管班级:测绘工程2018-实验班

从事学生工作年限:11年

周明权

任职经历

曾任桂林理工大学管理学院辅导员、艺术学院辅导员、材料科学与工程学院学工组组长、材料科学与工程学院团委书记、党委党校办公室主任。

现任桂林理工大学测绘地理信息学院党委副书记。

所带班级获奖情况

- 桂林理工大学2018年校园广播体操大赛三等奖。
- 学校"朝阳不息——班服设计大赛"二等奖。
- 桂林理工大学2019年五四歌咏比赛三等奖。
- 桂林理工大学测绘地理信息学院新生杯辩论赛"优胜奖"。
- 2019年桂林理工大学测绘地理信息学院"燃五四青春之火,唱响中华壮丽之歌"五四班级歌咏比赛第一名。
- 2019年桂林理工大学测绘地理信息学院广播操比赛一等奖。
- 桂林理工大学2018—2019学年度"优良学风班"称号。

周明权班主任典型案例

(一)积极加强班级思想建设

以学生全面成长成才为目标,围绕立德树人的根本任务,以习近平新时代中国特色社会主义思想武装头脑,积极引导班级学生树立正确的世界观、人生观和价值观,努力帮助学生适应大学生活,引导学生积极向党组织靠拢。入学以来,班级学生共递交入党申请书16份,已经有6名学生成为了入党积极分子。

(二) 努力加强学风建设

以创建优良学风为目标,该班着重于学习型班级集体建设,重点加强学风建设,把学习放在第一位,以英语四级过级工作为抓手,组织班干部开展学风督查管理,杜绝各种影响学风建设不良现象发生。在英语四、六级过级问题上,鼓励学生们加强学习,组织学生开展英语四、六级过级培训,从入学起就开始鼓励学生确立考研目标,营造了浓厚的学习气氛。入学一年来,全班30人中有28人通过英语四级考试,名列学院各年级各班级之首。秋季学期,有5位同学经过选拔,入选学院"本科人才培育工程"第一批培育人员名单(全院共7位同学)。

(三) 加强班级集体文化建设

注重学生能力提升,促进学生德、智、体、美、劳全面发展,积极鼓励学生参加校院开展的各类活动,通过参与活动提升个人能力与素质。同时,抓好班级团支部建设工作,结合班级的主题班会、团支部的主题团日活动,针对学生的实际情况开展班级文化建设。一学年来,班级组织了学雷锋活动、班徽班服设计、班级烧烤联欢活动及中秋赏月、冬至包饺子等活动,加深了学生们的情谊,提升班集体的凝聚力。一学年来,班级获得了桂林理工大学2018年校园广播体操大赛三等奖、学校"朝阳不息——班服设计大赛"二等奖、桂林理工大学2019年五四歌咏比赛三等奖、桂林理工大学2018—2019学年度优秀学风班等校级荣誉和奖项。

7. 邓洁琼

年龄:39岁
政治面貌:中共党员
学院:机械与控制工程学院
分管班级:机械2017-1班
从事学生工作年限:17年

邓洁琼

任职经历

曾任桂林工学院材化系党总支干事、辅导员,旅游学院分团委书记,管理学院党总支副书记;桂林理工大学监察室副主任、副处级纪检员,机械与控制工程学院党委副书记、纪委书记。

现任桂林理工大学外国语学院党委副书记、纪委书记。

所带班级获奖情况

- 2019—2020学年度桂林理工大学优良学风班。
- 2019—2020学年度桂林理工大学先进班集体。
- 3人在北大中文核心刊物《农机化研究》上发表论文。
- 4人获得实用新型专利5项和发明专利3项。
- 创新创业获国家级项目优秀结题(5人)。
- 第十六届大学生数学建模竞赛国家级二等奖(1人)。
- 全国三维数字化创新设计大赛获得全国总决赛三等奖(4人)。
- 全国三维数字化创新设计大赛区级特等奖(1人)。
- 全国三维数字化创新设计大赛区级二等奖(2人)。
- 第六届广西高校大学生创新设计与制作大赛三等奖(1人)。
- 国家励志奖学金(3人)。
- 金种子校友奖学金(校级奖学金)(18人)。

邓洁琼班主任典型案例

(一)坚持立德树人,思想教育有深度有温度

积极培育和践行社会主义核心价值观。重视培养班委的责任意识、大局意识、服务意识和合作精神,班委工作得力,率先垂范,为班级各项建设做出了突出的贡献。

班级的每次主题班会和团日活动,邓老师都精心策划并积极参与,通过PPT宣讲、观看视频、宿舍讨论、情景模拟和小组分享等多种方式提高班团会效果。她经常深入宿舍了解学生们的意见和诉求,及时知晓他们的困难和问题,以心换心,深入开展谈心谈话,为学生提供引导和帮助,赢得了学生的信任和拥戴。

(二)狠抓学风建设,积极培育优良学风

学风建设是中心。为了防止同学们进入大三后不用出勤"三早一晚"而出现偷懒和松懈的情况,多次召开班会,强调学风和养成教育的重要性,引领学生明确目标,提升学习主动性和自驱力。每个学期伊始,助力全班同学制定新学期目标和计划,期中进行小结和调整,期末进行总结和提高。邀请在专业学习、科技竞赛、实习实践等方面表现优异的学长、学姐到班级进行交流和分享,充分发挥优秀朋辈的领航作用。班级大学英语四级通过率为58%,专业排名第一。所带班级中,1人推免为中南大学硕士研究生,1人获得金种子校友奖学金,20人次获得区级以上奖励,

17人获得校级奖学金,获奖人数和综测评平均分均居年级、专业第一。

(三) 坚持因材施教,用心用爱引导学生

一直致力于成为理解、尊重、关爱学生的班主任。一方面,积极帮助成绩后进学生和心理障碍学生,及时找他们谈心谈话,认真做好消极懈怠学生的引导转化工作,耐心细致做好心理障碍学生的教育和咨询工作;另一方面,重点帮扶经济困难学生,教导他们自强自立,奋发有为。对于班级7名勤工俭学学生和10多名学生干部,邓老师主动联系任课教师和宿舍同学,及时了解他们的学习工作状况,教育和引导他们学习工作"两不误,两促进"。2020春季学期开学前,建档立卡又单亲的学生苏同学的父亲意外摔成重伤,进入ICU住院治疗,不幸的家庭雪上加霜。她在了解情况后,组织全班同学募捐和众筹,帮助他的家庭渡过难关。

(四) 坚持实践育人,大力提高综合素质

一直鼓励同学们努力做到全面发展,培养能力,不能成为只会应试的"书呆子"。通过开展班级聚餐、郊游、烧烤、宿舍杯篮球赛、素质拓展等一系列活动,活跃班级氛围,加强学生之间的交流,增强他们的集体荣誉感。注重发掘学生特长,鼓励学生多参加学校学院各项科技竞赛活动和文体活动。每次班团活动均安排同学轮流上台发言,鼓励学生勇于实践和分享,不断提升综合素质和能力。2019—2020学年,有3名学生在国内核心期刊发表论文,4名学生申请获得实用新型专利5项和发明专利3项,6名学生获评国家级大创项目,全班获得区级以上各类专业竞赛奖项高达20人次。

(五) 积极沟通家长,提升家校育人合力

从大一第一个学期起,邓老师就建立了全班家长微信群,经常在家长群中发布班级学生学习、工作、生活、实习实践、专业竞赛的动态,发布学校、学院的工作通知和要求;每个学期结束会向每一位家长逐一反馈学生一学期各门课程成绩和在校综合表现,肯定优点,指出不足,联名家长在寒暑假也对学生进行有针对性的教育和引导。邓老师的敬业奉献和良苦用心赢得了家长们的一致好评。

8. 慕宗良

年龄：31岁

政治面貌：中共党员

学院：信息科学与工程学院

分管班级：通信工程2016-1班

从事学生工作年限：6年

慕宗良

任职经历

曾任桂林理工大学学生工作处勤工助学办公室科员、学生工作处国家助学贷款办公室科员（主持工作）、学生工作处思想教育科科员、学生工作处国家助学贷款办公室科员（主持工作）、学生工作处国家助学贷款办公室副主任（主持工作）。

现任桂林理工大学学生工作处学生资助工作办公室主任。

所带班级获奖情况

- 桂林理工大学优良学风班。
- 桂林理工大学五四红旗团支部。
- 国家励志奖学金（2人）。
- 区政府奖学金（1人）。
- 恩智浦智能车大赛华南三等奖（1人）。
- 全国电子设计大赛省级二等奖（1人）。

慕宗良班主任典型案例

（一）抓好关键时间点，充分引领学生成长

1. 抓好学生入学时间点

刚入校的新生，没有了考试的压力，没有了老师的监督，没有了家长的唠叨，身心进入"彻底放松"状态。在这个关键时期，慕宗良老师及时深入学生宿舍，带领学生认真学习、明确学校的各项规章制度、学校的办学宗旨、学校的管理方法、专业课程的设置状况等，鼓励学生珍惜时间，多向高年级学生请教各种经验，不能让宝贵的大学四年虚度。

2. 抓好专业分流时间点

专业分流时，除了个别学生对未来的职业和工作有清晰的认识和规划外，大部分学生在选择分流的专业时，表现出了犹豫和迷茫。慕宗良老师通过召开班会，与学生交谈等形式与学生广泛接触，进一步了解学生的专业规划和所遇到的困难，在充分了解学生基本学习状况的前提下，与专业课教师、辅导员等形成合力，帮助学生树立人生目标，规划职业生涯，抓好时间点，发挥好专业分流"承上启下"的重要作用。

3. 抓好考研就业时间点

大三下学期开始，是学生选择就业或者继续升学的关键时期，部分学生在这个阶段没有清晰的规划和目标。慕宗良老师紧抓这个时间点，对有明确考研意向的学生、选择就业的学生、正处在迷茫阶段的学生，进行分类交流、分类引导。协助有明确意向考研的学生进行细致规划，梳理考研高校及专业；对于就业学生帮助分析目标单位的竞聘要求；对于迷茫学生，采取"一人一方案"，根据学业情况、目标要求等进行细致的分析，协助其做好规划。

（二）选好班级学生干部，充分增强班级凝聚力

在班级学风建设中，提高班委竞争力、增强班级凝聚力是班主任的工作重心所在。要想组织一个成功的班级，班主任首先要选取一些品学兼优、职责心强、乐意为同学服务的学生担任班干部，并对他们进行培养和教育，使之成为其他学生的榜样，带动其他学生不断进取，发表正确的群众舆论，建设优良的班风。

对待班干部，慕老师常教育他们树立为班级学生服务的光荣感和职责感，要求他们努力学习、团结同学、以身作则，鼓励他们既要大胆工作，又要严格要求，注意工作方法。对于班干部中出现的一些错误思想和做法，要具备敏锐的洞察潜力，及时发现问题，用心交流解决问题。

（三）做好谈心谈话工作，充分了解学生心声

班主任工作是高校教育管理中十分重要的环节，要了解学生的心理状态，掌握学生的思想脉搏，只有加强职责心，才能被动变主动，消极变用心，激发学生的学习热情，完成学业。慕老师通过个别谈话的形式与学生广泛接触，加入到学生班级QQ群中，通过网络进一步了解学生的思想动态，帮忙学生总结自己的长处，找出自己的不足，从而做好人生规划。在对待本班学生遇到学习和生活中的实际困难时，慕老师总是耐心倾听学生的想法，并结合实际状况，帮忙他们分析问题，解决实际问题。

9. 周章明

年龄:44岁
政治面貌:中共党员
学院:公共管理与传媒学院
分管班级:行政管理2016-2班
从事学生工作年限:9年

周章明

任职经历

曾任桂林工学院党委组织部、人事处干事,党委组织部调配岗干部,党委组织部正科级组织员,党委组织部干部科科长;桂林理工大学环境科学与工程学院党委副书记,党委组织部副部长、机关党委副书记(2013年4月—2014年3月挂任自治区高校工委组织部副部长),管理学院党委书记,商学院党委书记。

现任桂林理工大学党委组织部副部长(正处长级)。

所带班级获奖情况

- 2018年全国大学生非物质文化遗产知识竞赛全国三等奖(1人)。
- 第九届广西大学生课外学术科技作品竞赛广西区特等奖(3人)。
- 第十四届MOS全国大赛Word 2016组一等奖、Excel 2017组一等奖(1人)。
- 第十四届MOS全国大赛PPT 2013组一等奖、Word 2013组三等奖(1人)。
- 国家励志奖学金(2人)。
- 全国大学生艾滋病预防知识竞赛优秀奖(2人)。
- 全国大学生英语竞赛广西区优秀奖(3人)。
- 第三届全国大学生环保知识竞赛优秀奖(1人)。
- 校级一等奖学金(2人)。
- 校级二等奖学金(3人)。
- 校级三等奖学金(11人)。
- 第四届中国"互联网+"大学生创新创业大赛校级一等奖(1人)。

周章明班主任典型案例

(一)注重工作谋划

在每学期初,积极指导班级制订年度工作计划,对班级建设的关键环节和重点内容进行谋划和把关。例如,对选举班委做出计划,建立坚强的班集体领导和自治核心,同时给更多同学担任班干接受锻炼的机会;谋划学风建设,形成良好学习氛围,在强调抓好专业课学习的同时,鼓励同学们积极参加全国大学生英语四、六级考试,人力资源管理师考试及全国计算机等级考试;开展形式多样的的文体活动;争创先进班集体,优良学风班及五四红旗团支部;等等。

(二) 注重学生干部培养

将培养班干部作为班级管理工作的一个重点。周章明老师通过对学生各自特点的了解,积极鼓励同学们参与班干部的竞选,通过民主选举的方式,组成了工作得力的班委,其中不少班干还成长为校院两级团委学生的骨干。

通过学生"自我教育、自我管理、自我服务、自我约束"的班级管理方式,注重从工作方法、工作艺术上对班干部进行指导,帮助他们处理好学习和工作的关系、能力锻炼与为同学服务的关系。同时在学习上、生活上严格要求他们,在班级管理工作上鼓励他们大胆去做,让他们成为班级建设的排头兵。

对学生工作中的不足,周老师都及时指出,并给予指点;对工作中的成绩他会给予表扬和鼓励,增强班干工作的积极性。他还培养得力的班干部,开展学生自我管理,在一定程度上达到了培养学生的目的,也树立了良好的班风,提高班级凝聚力,使班级始终保持积极向上的氛围。

(三) 注重思想建设

积极引导学生在政治上追求进步,积极向党组织靠拢。该班现有35名学生,现已发展党员8人,其中正式党员2名,有9名同学被列为入党积极分子。党员群体在班级建设中发挥了良好的模范带头作用。

周章明老师将思想教育当做学生工作的核心,对学生思想常抓不懈。他利用班会,结合学校学院有关部署,对学生进行思想教育。一学年召开五次班会,内容涉及文明礼仪教育、行为规范教育、纪律教育、安全教育、学风教育、人生规划教育、考纪考风教育、假期社会实践教育等,其中他重点了解了学生们的人生规划,并针对考研、就业这两方面给予指导。

此外,周章明老师利用空余时间,积极与学生交流,了解到学生的个人兴趣爱好、性格特点、思想动态及存在的问题。例如,该班的一名男同学人际交往淡漠,连续旷课,对学习不上心,当周老师得知这一情况之后,马上与该学生取得联系,耐心对其进行教育,引导他以积极的态度面对学习,同时将自己融入集体。谈话过后,周老师还联系了该学生的家长,向家长反映此情况,通过家校共同努力,该学生的心理状态、学习表现已有所改善。

(四) 注重学风建设

为了营造良好的学习氛围,周老师组织举办了多期读书分享会,指定相关书目让同学们阅读,并分享读后感,收到了良好效果。为进一步加强学风建设,不断激发同学们学习的积极性和主动性,周老师提出并成立了学习小组,以宿舍为单位,每周发布不同的学习任务,借助舍友之间的相互监督和鼓励来完成学习任务,同时定期召开学习交流会,总结分析问题,共同进步,取得了良好成效。

周老师所带班级现已有21名同学通过大学英语四级等级考试、5名同学通过大学英语六级等级考试。在2018—2019学年综合素质测评排名中,专业年级内排名前20人中,该班有15人,有2人获得国家励志奖学金,1人获得"周大福奖学金",2人获得校级一等奖学金,3人获得校级二等奖学金,11人获得校级三等奖学金。

(五) 注重学生全面发展

作为班主任,周老师重视学生的全面发展,积极鼓励学生参与学生干部组织、学生社团及各种科技竞赛活动,希望通过多种途径,锻炼学生自身能力,扩展视野,促进学生全面发展。

10. 黄敬秀

年龄:39岁
政治面貌:中共党员
学院:商学院
分管班级:工商管理2016-2班
从事学生工作年限:7年

黄敬秀

任职经历

曾任桂林工学院党办、校办干部;桂林理工大学党办、校办秘书科副科长,党办、校办秘书科副科长(主持工作),党办、校办秘书科科长。

现任桂林理工大学党办、校办副主任。

所带班级获奖情况

- 第22届外研社杯大学生英语辩论赛华南赛区三等奖(1人)。

- 全国"三下乡"暑期社会实践"千校千项"百佳创意短视频、第五届中国"互联网+"大学生创新创业大赛区级铜奖(1人)。
- 联盟杯互联网+比赛一等奖(2人)。

黄敬秀班主任典型案例

黄敬秀老师坚持抓思想、促学风、强纪律、保安全、解困难,在做好日常教育管理工作的基础上,积极创新探索助力学生成长成才新途径,通过结合研究成果加强思想政治教育,打造特色主题班会助力学生成长成才,以社会实践为抓手发展学生综合素质,推动班级建设水平和学生能力素质得到有效提升。

(一) 注重结合研究成果加强思想政治教育

认真落实立德树人根本任务,坚持将班级学生思想政治教育摆在班主任工作首位,利用主题班会、入党积极分子推优会等机会,充分利用自己主持意识形态课题和党建工作等方面的经验和成果,紧贴大学生思想实际,积极加强学生思想政治教育,引导学生践行社会主义核心价值观,增强学生的"四个意识"和"四个自信",营造积极向上的班级氛围。

(二) 打造特色主题班会助力学生成长成才

将主题班会作为安全教育、学业指导、素质能力教育的重要平台,积极转变和提高学生的思想认识,传授学生学习、工作、生活经验方法。在做好安全、纪律教育的基础上,组织策划了多项有特色的主题班会活动。如"英语四、六级动员班会"邀请上一年级通过英语四、六级的同学来分享经验,同时在班内设立一对一、一带一的互帮互助小组,并申请了专用教室给该班同学早自习,为学生学习创造良好环境。

该班英语四、六级过级人数由大二时的27人上升至大三时的38人,英语六级通过率在学院排名靠前。又如,大三下学期为班级组织安排了考研、就业两大主题班会,其中在"考研动员分享会"上,邀请上一年级考研达人交流考研经验和方法,增强学生的考研信心和决心,最终班级的考研率超过50%;"就业分享会"则按公考、企事业等类型邀请上一年级就业先进分子分享成功经验,为准备就业的同学提供良好的就业指导。通过有针对性的主题班会,使纠结迷茫的同学找准了努力的方向,为顺利毕业、达成个人理想奠定良好的基础。

(三) 以社会实践为抓手发展学生综合素质

鼓励学生积极到学生会、学生社团和班级中竞选担任学生干部,努力提高实践动手能力和为人处世能力,班级有1/3的同学(不含班干)在校院两级学生组织担任干部干事,有5人为党员和预备党员。引导学生充分利用寒暑假参加社会实践,提前了解掌握社会所需知识和能力素质。班级学生参加了"百名学子看世界泰国团"、"桂港两地情"文化交流项目、暑期"三下乡"之贵州蜡染文化推广调研实践等暑期社会实践活动,提高了素质能力。班级先后荣获优秀团干、班干等学院级以上荣誉称号33人次,有11人次在"互联网+"大学生创新创业大赛、外研社杯大学生英语辩论赛、广西翻译大赛等学业竞赛上获得荣誉。

11. 刘成兴
年龄:28岁
政治面貌:中共党员
学院:旅游与风景园林学院
分管班级:旅游类2020-5班
从事学生工作年限:2年

刘成兴

任职经历

现任桂林理工大学旅游与风景园林学院专职辅导员。

所带班级获奖情况

- 2020—2021学年度"优良学风班"。
- 2020—2021学年学生先进班集体。
- 全国大学生海南自贸港旅游创新大赛优胜奖(2人)。
- 全国大学生英语竞赛广西赛区优秀奖(2人)。
- 桂林市高校国旗班升旗比赛先进个人(1人)。
- 2021年校优秀学生奖学金:一等奖学金(2人)、二等奖学金(2人)、三等奖学金(2人)。
- 2020—2021学年度先进个人:优秀团员(1人)、青年志愿者活动先进个人(2人)、文体活动先进个人、三好学生(2人)、社会工作先进个人(1人)。

刘成兴班主任典型案例

(一) 重视价值引领,呵护学生发展

青少年阶段是人生的"拔节孕穗期",最需要精心引导和栽培。作为班主任,要及时关注班上学生思想动态,做好学生价值引领。在这一学年,刘成兴老师始终坚持做到以下几方面:

一是做到学生在哪里班主任就要在哪里,积极通过朋友圈、抖音等关注学生日常动态,观察学生思想变化,与学生常聊天话家常。

二是坚持做到每月两次以上走访学生宿舍,及时了解学生学习、生活情况,第一时间答解疑惑。

三是坚持每月参加班会和团日活动,与学生分享时事政事,积极传播社会正能量,引导学生树立坚定理想信念。

(二) 重视班级管理,打造优良学风

学风建设是班级立身之本,好的班级学风能极大地促进班上同学共同学习、共同提高。作为班主任要为班上学风建设保驾护航,指明正确发展方向。在这一学年里,刘成兴老师坚持始终做好以下几方面:

一是民主推选一批品学兼优、职责心强、乐意为同学服务的学生担任班干部,对其进行培养和教育,使之成为同学身边榜样,并带动其他同学不断进取。

二是定期与班长、团支书、学习委员等沟通班上学生学习情况,做好班级日常管理和关心。

三是在重点课程考试节点前,组织以学习委员和课程学习成绩较好的学生为核心的领学小组,带动和指导全体同学查漏补缺、共同学习。

(三) 重视生涯规划,启迪学生发展

新生入学伊始会经历一段迷茫期,会对大学生活充满未知,对自己专业发展充满未知,对自己未来发展充满未知,这就需要班主任加强重视,做好学生生涯规划,启迪学生发展。

在这一学年里,刘成兴老师始终坚持做好以下几方面:

一是主动与学生常谈心,了解学生发展困惑和需求,解决学生实际困难。

二是引导学生预设职业发展路径,做好大学四年规划,仰望星空、脚踏实地。

三是开展专业分享会,促进学生了解专业发展,做好职业规划。

12. 李永伟

年龄：38岁

政治面貌：中共党员

学院：艺术学院

分管班级：动画2018-2班

从事学生工作年限：8年

李永伟

任职经历

曾任桂林理工大学商学院（原管理学院）专职辅导员，灌阳县黄关镇顺溪村第一书记/镇党委副书记，桂林理工大学艺术学院副科长级组织员、艺术学院学工组副组长（主持工作）。

现任桂林理工大学测绘地理信息学院学工组组长。

所带班级获奖情况

- 2019—2020年度"国家励志奖学金"（1人）。
- 2020年第四届全国大学生环保知识竞赛优秀奖（2人）。
- 桂林理工大学奖学金、三好学生、优秀团员（16人）。

李永伟班主任典型案例

李永伟老师于2019—2020学年度担任艺术学院动画2018-2班班主任。工作中，他恪守职业道德，认真履行班主任工作职责，兢兢业业，在学生日常思想政治教育、疫情防控、安全教育、班风学风建设等方面尽心尽力给予学生指导和帮助。全班35人，全年无安全事故发生。

（一）加强思政教育，引导明确目标

围绕"立德树人"的任务，引导学生深入学习贯彻习近平新时代中国特色社会主义思想和党的十九大精神，践行社会主义核心价值观，恪守学校文明礼仪守则。掌握学生思想政治工作的方法，发挥网络、微信和信息员的作用，深入了解学生的思想动态，重点关注特殊学生，综合分析学生自身专业特长、兴趣爱好和家庭情况等方面的因素，对学生学业和生涯规划指导，引导学生树立奋斗目标，引导学生明确成才目标。全班35人，已有28人确立发展目标。

（二）端正专业思想，加强学风建设

积极落实学校和学院学风建设目标要求，指导开展班风建设，指导学生制定班级管理制度，建好班委队伍，营造良好班级文化，形成了良好班级风貌。根据每位学生的不同情况，因人施策，针对有考研的意向的学生，鼓励他们积极备考，在考研的专业选择、备考心态调整和备考书目选择等方面给予指导和建议，督促检查学生上课情况和学业成绩，帮助学生明确学习目标，营造良好的学习风气，鼓励学生加强专业学习，杜绝考试作弊现象。

（三）深入班级宿舍，夯实安全底线

为了解学生学习和生活情况，经常深入学生课堂、学生宿舍、学生活动；定期召开班会，经常与学生面对面座谈，尤其是疫情防控期间，与学生线上线下开展谈心谈话累计100余次；每月定期召开主题班会，积极开展交通、饮食、防盗、防火、疫情防控等安全教育，尤其是疫情期间，积极配合辅导员开展疫情防控工作，确保每位同学的安全，直至同学们顺利返校和离校；每月2次深入学生宿舍，向学生宣传预防网络诈骗；教育班干部做好表率，带头做到不晚归、不酗酒、杜绝不归宿；其所带班级未出现一例安全事故。

（四）关心爱护后进学生

针对动画专业学生英语等文化课底子弱的情况，杜绝因英语挂科后期不能按时毕业的现象，李永伟老师主动帮助学生树立学习信心，联系专业课老师和成绩优秀同学对文化课底子弱的学生进行指导和帮助；积极引导学生参加第二课堂活动，丰富班级学生的课余文化生活。

13. 唐萍

年龄：30岁
政治面貌：中共党员
学院：外国语学院
分管班级：英语2019-6班
从事学生工作年限：7年

唐萍

任职经历

曾任桂林理工大学外国语学院教学秘书。
现任桂林理工大学外国语学院Ⅱ教研室教师。

所带班级获奖情况

（1）优良学风班。

（2）五四红旗团支部。

（3）第25届中国日报社"21世纪可口可乐杯"全国大学生英语演讲比赛广西区决赛三等奖(1人)。

（4）第三届英日配音大赛特等奖(4人)。

（5）新生才艺大赛一等奖(4人)。

（6）国家励志奖学金(3人)。

（7）优秀学生奖学金(14人)。

（8）校级三好学生(3人)。

（9）青年志愿者活动先进个人(1人)。

（10）社会实践活动先进个人(1人)。

（11）文体活动先进个人(2人)。

唐萍班主任典型案例

（一）加强思想政治和安全教育工作

一方面,利用班会和平时课间的时间,从身边的小事情、学生感兴趣的事情引导学生,树立正确的人生观和价值观,树立爱国主义情怀。定期开展安全教育主题班会,引发学生的热烈讨论和对安全的重视。另一方面,利用晚自修之后的时间及各种通讯手段和有关学生促膝谈心,随时了解学生的思想动态。

（二）加强班级日常管理

在班级的日常管理中,认真完成学校、学院布置的各项工作。在工作中,充分发挥班干部的作用,让学生自主管理班级。特别加强对学生考勤、外出的管理,一旦发现违纪情况,立即严肃处理。经过唐萍老师的努力,英语2019-6班班纪良好,没有任何不良事件的发生。

（三）狠抓班级学风

因为唐萍老师所带班级是大一的学生,很多学生对于大学的学习方式还不是特别适应,所以在开学伊始,唐萍老师就向同学们说明了大学与中学的不同之处,还经常在班上介绍一些大学学习的方法,鼓励大家积极参加一些与专业相关的活动。平时她也积极与其他任课老师交流,了解大家的学习情况并进行针对性的谈心、辅导。一年来,整个班级学习风气良好,成绩突出,英语四级通过率为100%,超过一半以上的学生获得了年度奖学金,其中特等奖1名、一等奖2名。

(四)鼓励学生积极参加社团活动

这一年中,班级学生积极参加学校及学院社团活动,94%的同学在校级或者院级以上的社团担任部长或干事,在宣传部、主持人队、希望联盟、宿管部、勤工俭学公司、新媒体中心、书法协会、舞蹈队、篮球社、艺术团等各个部门发光发热。同时,班上组织了多次有意义的活动,学生通过参与各项活动培养了学生的集体主义观念和荣誉感。同时,唐萍老师也定期参加学生的各种文体活动,为他们呐喊助威,有助于他们形成良好的精神面貌。

14. 孙巍

年龄:39岁
政治面貌:中共党员
学院:理学院
分管班级:应用统计2016-3班
从事学生工作年限:16年

孙巍

任职经历

曾任桂林工学院旅游学院专职辅导员,桂林理工大学团委办公室科员、团委办公室副主任(主持工作)、团委办公室主任、材料科学与工程学院学工组组长、理学院党委副书记。

现任桂林理工大学学工部(处)副部(处)长。

所带班级获奖情况

- 2018年4月在团日活动中,获得最佳团日活动。
- 2018年6月承办院级示范性团日活动。
- 2018年10月在团日活动中获得最佳团日活动。

- 2018年10月获得先进班集体荣誉称号。
- 2018年11月体操比赛获得院级一等奖。

孙巍班主任典型案例

从2016年9月起至今,孙巍老师担任理学院应用统计2016级3班的班主任。班级共有成员37人,班级同学在学风建设、校园文化、科技创新等各个方面表现良好。作为班级工作的重要参与者和协调者、学生健康心理和高尚价值观的引导者,孙巍老师以立德树人为根本任务,结合班级实际,不断加强班级建设,具体如下。

(一)分类引导,不断加强班级思想建设

通过走访宿舍、谈心谈话、课堂听课等形式,了解学生思想状态和兴趣爱好,帮助学生进行自我探索,设计大学成长计划,不断增强班级学生学习的内驱力;以问题为导向,开展班级管理注重"具体的指导和放手工作"相结合,充分发挥班委在班级管理的能动性,不断加强对班干部责任意识和服务意识的教育,班委们能够在协助班主任开展日常的工作的同时,不断树立表率,发挥模范先锋带头作用,促进良好班风的形成;注重培养学生自主管理意识,对于学生日常管理,尽可能减政放权,把班级管理看作学生们自己的事情,从组织结构的设计到职责权限的划分,从活动的组织者到学生干部的教育,都渗透这一思想。她注重培养学生自主管理的能力。

(二)以英语四级、考研为抓手,加强班级学风建设

及时了解学生的学习成绩,分析学生的学习存在的问题,进行有针对性的指导。要求班干部和成绩困难的学生结成学习对子,共同进步,努力营造"相互学习追赶,共同进步"的优良学习氛围;发动学生参加各科学习兴趣小组,实行互助式的学习。

向学生进行信心教育的渗透,对学生进行赏识教育,多给学生鼓舞,多给学生自信,多给学生一些这方面的支持;她还组建团队申报大学生创新创业训练计划项目,激发学生的学习兴趣;班级通过英语四级的同学达23人,通过率达64%(全年级通过率最高)。

(三)注重班级学生心理辅导,确保学生安全稳定

在学生人生成长阶段,自我意识的发展已成为发展过程中的一个核心。班主任则是学生自我发展的促进者。通过案例分享、开展形式多样的主题班会,教育学生学会感恩、惜时,养成良好的习惯和生活作风;与学生平等对话,建立朋友般的师生关系,做到师生之间的相互悦纳。

孙老师说,回顾班主任工作,在与学生取得共同成长的过程中,心中充满感激,在未来的日子里,她将和学生们一起,共同学习,共同进步。

附录二 高校班主任工作相关规定

教育部关于加强高等学校辅导员班主任队伍建设的意见

教社政〔2005〕2号

各省、自治区、直辖市党委教育工作部门、教育厅(教委),有关部门(单位)教育司(局),新疆生产建设兵团教育局,部属各高等学校:

为贯彻落实《中共中央国务院关于进一步加强和改进大学生思想政治教育的意见》(中发〔2004〕16号)精神,现就加强高等学校辅导员、班主任队伍建设提出如下意见。

一、加强辅导员、班主任队伍建设的重要意义

辅导员、班主任是高等学校教师队伍的重要组成部分,是高等学校从事德育工作,开展大学生思想政治教育的骨干力量,是大学生健康成长的指导者和引路人。加强辅导员、班主任队伍建设,是加强和改进大学生思想政治教育和维护高校稳定的重要组织保证和长效机制,对于全面贯彻党的教育方针,把大学生思想政治教育的各项任务落到实处,具有十分重要的意义。要从战略和全局的高度,充分认识新形势下加强辅导员、班主任队伍建设的特殊重要性和紧迫性。

多年来,各地各高等学校采取多种措施加强辅导员、班主任队伍建设,积累了一定经验,取得了明显成效。但是,总体上看,辅导员、班主任队伍建设还不能很好地适应新形势下加强和改进大学生思想政治教育的需要,还存在一些问题和困难,必须采取切实措施加以解决。要像重视业务学术骨干一样重视辅导员、班主任的选拔、培养和使用,使他们干事有平台、发展有空间,充分调动他们工作的积极性和创造性,为培养德智体美全面发展的社会主义合格建设者和可靠接班人作出贡献。

二、认真做好辅导员、班主任队伍的选聘配备工作

做好辅导员、班主任的选聘配备工作,是加强辅导员、班主任队伍建设的基础。

高等学校要根据实际工作需要,科学合理地配备足够数量的辅导员和班主任。专职辅导员总体上按1:200的比例配备,保证每个院(系)的每个年级都有一定数量的专职辅导员。同时,每个班级要配备一名兼职班主任。

辅导员、班主任工作在大学生思想政治教育的第一线,在思想、学习和生活等方面负有指导学生、关心学生的职责,要按照党委的部署有针对性地开展思想政治教育活动。在重大政治问题上要立场坚定,旗帜鲜明,与党中央保持高度一致,坚决维护党和国家的利益及高校稳定。高等学校要高度重视辅导员、班主任的选聘工作,必须坚持政治强、业务精、纪律严、作风正的标准,把德才兼备、乐于奉献、潜心教书育人、热爱大学生思想政治教育事业的人员选聘到辅导员、班主任队伍中来。专职辅导员原则上要从党员教师和党政干部中选聘。专职辅导员应关心热爱学生,善于做大学生思想政治工作,具备较强的组织管理能力、群众工作能力以及语言和文字表达能力。有条件的高等学校可以根据工作需要,从本校免试推荐的硕士生、博士生中择优选聘专职辅导员,专职从事辅导员工作一段时间后,再攻读研究生学位。班主任应从思想素质好、业务水平高、奉献精神强的教师特别是中青年教师中选聘,原则上应具备相关学科专业背景和较强的组织管理能力。辅导员、班主任的选聘工作要在学校党委统一领导下,采取组织推荐和公开招聘相结合的方式进行。要在保证数量的基础上,不断优化结构,提高辅导员、班主任的工作能力和水平。高等学校广大教师特别是党员教师要把担任辅导员、班主任工作作为教书育人应尽的责任,积极主动承担这一光荣任务。

三、大力加强辅导员,班主任队伍的培养培训工作

加强辅导员、班主任的培养工作,是加强辅导员、班主任队伍建设的关键。各地教育部门和高等学校要制定辅导员、班主任培训规划,建立分层次、多形式的培训体系,做到先培训后上岗,坚持日常培训和专题培训相结合。要重点组织辅导员、班主任学习马克思列宁主义、毛泽东思想、邓小平理论和"三个代表"重要思想,学习时事政策,学习管理学、教育学、社会学和心理学以及就业指导、学生事务管理等方面的知识。要适时安排辅导员进行脱产、半脱产或在职培训进修,选拔优秀辅导员定向攻读学位。教育部将会同有关部门组织开展高校辅导员示范培训,各地教育部门也要开展多种形式的辅导员、班主任培训。通过培训,不断提高辅导员、班主任的思想政治素质和业务素质。

各地教育部门和高等学校要创造条件,积极组织辅导员、班主任参加社会实践和学习考察,使他们开阔视野,拓展思路,提高解决实际问题的能力,增长做好思想政治教育工作的才干。要制定并落实辅导员、班主任参加实践锻炼的具体办法。要积极创造条件,支持辅导员参加挂职锻炼和学习考察等活动。

四、切实为辅导员、班主任工作和发展提供政策保障

制定促进辅导员、班主任工作和发展的政策,是加强辅导员、班主任队伍建设的保障。要切实解决好辅导员评聘教师职务问题,根据辅导员岗位职责要求,进一步完善相应的专业技术职务评聘标准。各地教育部门和高等学校要按学校教师职务岗位职数的适当比例评聘专职辅导员的教师职务。各省(自治区、直辖市)和有条件的高等学校应成立专门的评审组织,评审中要充分考虑辅导员工作的特点,注重考核其思想政治教育工作的实绩,特别是在关键时刻的表现。兼职班主任在晋升专业职务时,要充分考虑其担任班主任的工作经历和业绩。专任教师晋升高一级教师职务时,原则上要有担任班主任等学生教育管理工作的经历。

要统筹规划专职辅导员的发展。鼓励和支持一批骨干攻读相关学位和业务进修,长期从事辅导员工作,向职业化、专家化方向发展。要把专职辅导员队伍作为党政后备干部培养和选拔的重要来源,根据工作需要,向校内管理工作岗位输送或向地方组织部门推荐。高校选拔党政领导干部,要重视专职辅导员的经历。根据本人的条件和志向,也可向教学、科研工作岗位输送。

要创造条件为辅导员、班主任获取工作信息和资料提供方便。通过多种渠道,帮助辅导员、班主任了解国际国内形势、党和国家的方针政策以及各地和高等学校有关工作的好经验、好做法,及时向他们通报学校改革发展的情况。

要完善辅导员、班主任评优奖励制度。各地教育部门和高等学校要将优秀辅导员、班主任表彰奖励纳入各级教师、教育工作者表彰奖励体系中,按一定比例评选,统一表彰。要树立一批辅导员、班主任先进典型,宣传他们的先进事迹,充分肯定辅导员、班主任在大学生思想政治教育中的贡献。

要加强对辅导员、班主任队伍的管理。制定高等学校辅导员、班主任工作条例,进一步明确其工作职责和工作要求。要完善辅导员、班主任的考核制度,定期对辅导员、班主任进行工作考核。考核结果要与职务应聘、奖惩、晋级等挂钩。对工作不称职的要进行批评教育,仍无改进的应调离工作岗位。在事关政治原则、政治立场和政治方向问题上不能与党中央保持一致的,不得从事辅导员、班主任工作。

要为辅导员、班主任队伍建设创造必要条件。高等学校要根据实际,将辅导员、班主任的岗位津贴等纳入学校内部分配体系统筹考虑,确保辅导员、班主任的实际收入与本校专任教师的平均收入水平相当。专职辅导员在职攻读学位和国内外业务进修,应纳入学校教师培训计划,享受学校有关鼓励政策。要创造条

件鼓励并支持辅导员、班主任结合大学生思想政治教育的工作实践开展科学研究,不断探索和创新大学生思想政治教育的思路和办法。

各地教育部门和高等学校要根据本意见,结合实际,制订具体实施意见和细则。

教育部等八部门印发关于加快构建高校思想政治工作体系的意见

教思政〔2020〕1号

各省、自治区、直辖市教育厅(教委)、党委组织部、党委宣传部、党委政法委、网信办、财政厅(局)、人力资源社会保障厅(局)、团委,新疆生产建设兵团教育局、党委组织部、党委宣传部、党委政法委、网信办、财政局、人力资源社会保障局、团委,部属各高等学校、部省合建各高等学校:

为深入贯彻落实习近平新时代中国特色社会主义思想,贯彻落实党的十九大和十九届二中、三中、四中全会精神,学习贯彻习近平总书记关于教育的重要论述,加快构建高校思想政治工作体系,努力培养担当民族复兴大任的时代新人,培养德、智、体、美、劳全面发展的社会主义建设者和接班人,现提出如下意见。

一、指导思想和目标任务

1. 指导思想。以习近平新时代中国特色社会主义思想为指导,全面贯彻党的教育方针,坚持和加强党的全面领导,坚持社会主义办学方向,以立德树人为根本,以理想信念教育为核心,以培育和践行社会主义核心价值观为主线,以建立完善全员、全程、全方位育人体制机制为关键,全面提升高校思想政治工作质量。

2. 目标任务。健全立德树人体制机制,把立德树人融入思想道德、文化知识、社会实践教育各环节,贯通学科体系、教学体系、教材体系、管理体系,加快构建目标明确、内容完善、标准健全、运行科学、保障有力、成效显著的高校思想政治工作体系。

二、理论武装体系

3. 加强政治引领。把坚持以马克思主义为指导落实到教育教学各方面,对各种错误观点和思潮旗帜鲜明予以抵制。全面推动习近平新时代中国特色社会主义思想进教材、进课堂、进师生头脑,开展理论教育培训,编写出版理论读物,打造示范课堂,运用各种载体分群体深入开展习近平新时代中国特色社会主义思想学习研究宣传工作。推动理想信念教育常态化、制度化,加强党史、新中国史、改革开放史、社会主义发展史教育,加强爱国主义、集体主义、社会主义教育,把制度自信的种子播撒进青少年心灵,引导师生不断增强"四个自信"。推动领导干部、"两院"院士等专家学者、各方面英雄模范人物进校园开展思想政治教育。

4. 厚植爱国情怀。贯彻落实《新时代爱国主义教育实施纲要》,打造推广一批富有爱国主义教育意义的文化作品,定期举行集体升国旗、唱国歌仪式,有效利用重大活动、开学典礼、毕业典礼、重大纪念日、主题党团日等契机和重点文化基础设施开展爱国主义教育。

5. 强化价值引导。研究制定体现社会主义核心价值观要求的师生行为规范,组织国家勋章和国家荣誉称号获得者、最美奋斗者、改革先锋、时代楷模等新时代先进人物走进高校,面向广大师生开展思想政治教育。开展教书育人楷模、思政课教师年度人物、高校辅导员年度人物、大学生年度人物等先进典型的宣传选树。

三、学科教学体系

6. 办好思想政治理论课。按照"八个相统一"要求,扎实推进思想政治理论课建设思路创优、师资创优、教材创优、教法创优、机制创优、环境创优。遴选名师大师参与思想政治理论课讲授。把新媒体新技术引入高校思想政治理论课教学,打造高校思想政治理论课资源平台和网络集体备课平台。

7. 强化哲学社会科学育人作用。强化马克思主义理论学科引领作用,推出一批中国特色哲学社会科学精品力作。加强哲学社会科学教材规划编审和规范选用工作。加大哲学社会科学各学科专业中的马克思主义理论类课程建设。扎实推进哲学社会科学专业课程思政建设,文学、历史学、哲学类专业课程要帮助学生掌握马克思主义世界观和方法论,从历史与现实、理论与实践等相结合的维度深刻理解习近平新时代中国特色社会主义思想。经济学、管理学、法学类专业课程要培育学生经世济民、诚信服务、德法兼修的职业素养。教育学类专业课程要注重加强师德师风教育,引导学生树立学为人师、行为世范的职业理想。

8. 全面推进所有学科课程思政建设。统筹课程思政与思政课程建设,构建全面覆盖、类型丰富、层次递进、相互支撑的课程体系。重点建设一批提高大学生思想道德修养、人文素质、科学精神和认知能力的公共基础课程。理学、工学类专业课程要注重科学思维方法的训练和科技伦理的教育,培养学生探索未知、追求真理、勇攀科学高峰的责任感和使命感,培养学生精益求精的大国工匠精神。农学类专业课程要注重培养学生的大国"三农"情怀,引导学生"懂农业、爱农村、爱农民"。医学类专业课程要注重加强医德医风教育,注重加强医者仁心教育,教育引导学生尊重患者,学会沟通,提升综合素养。艺术学类专业课程要教育引导学生树立正确的艺术观和创作观,积极弘扬中华美育精神。

9. 充分发挥科研育人功能。构建集教育、预防、监督、惩治于一体的学术诚信体系。提高研究生导师开展思想政治教育意识和能力。持续开展全国科学道德和学风建设宣讲教育、"共和国的脊梁——科学大师名校宣传工程"等系列活动。

四、日常教育体系

10. 深化实践教育。把思想政治教育融入社会实践、志愿服务、实习实训等活动中,创办形式多样的"行走课堂"。健全志愿服务体系,深入开展"青年红色筑梦之旅"、"'小我融入大我,青春献给祖国'主题社会实践"等活动。推动构建政府、社会、学校协同联动的"实践育人共同体",挖掘和编制"资源图谱",加强劳动教育。

11. 繁荣校园文化。坚持培育优良校风教风学风,持续开展文明校园创建活动。建设一批文化传承基地。发挥校园建筑景观、文物和校史校训校歌的文化价值。加强高校原创文化精品创作与推广。

12. 加强网络育人。提升校园新媒体网络平台的服务力、吸引力和粘合度,切实增强易班网、中国大学生在线等网络阵地的示范性、引领性和辐射度,重点建设一批高校思政类公众号,发挥新媒体平台对高校思政工作的促进作用。引导和扶持师生积极创作导向正确、内容生动、形式多样的网络文化产品。建设高校网络文化研究评价中心,推动将优秀网络文化成果纳入科研成果评价统计。各高校应按照在校生总数每生每年不低于30元的标准设立网络思政工作专项经费。

13. 促进心理健康。把心理健康教育课程纳入整体教学计划,按师生比不低于1:4000比例配备专业教师,每校至少配备2名。发挥心理健康教育教师、辅导员、班主任等育人主体的作用,规范发展心理健康教育与咨询服务。强化心理问题早期发现和科学干预,推广应用《中国大学生心理健康筛查量表》和"心理健康网络测评系统",提升预警预防、咨询服务、干预转介工作的科学性、前瞻性和针对性。

五、管理服务体系

14. 提高管理服务水平。健全管理服务育人制度体系,宣传推广一批管理服务育人的先进经验和典型做法,大力营造治理有方、管理到位、风清气正的制度育人环境。

15. 加强群团组织建设。增强工会、共青团、妇联等群团组织的政治性、先进性、群众性。推动学生会(研究生会)改革,强化党的领导,健全骨干遴选程序。加强学生社团建设管理,着力构建党委统一领导、团委具体管理的工作机制,配齐配强指导教师,突出分类指导,支持有序发展。

16. 推动"一站式"学生社区建设。依托书院、宿舍等学生生活园区,探索学生组织形式、管理模式、服务机制改革,推进党团组织、管理部门、服务单位等进驻园区开展工作,把校院领导力量、管理力量、服务力量、思政力量压到教育管理服务学生一线,将园区打造成为集学生思想教育、师生交流、文化活动、生活服务于一体的教育生活园地。

17. 完善精准资助育人。精准认定家庭经济困难学生,健全四级资助认定工作机制,完善档案、动态管理。建设发展型资助体系,加大家庭经济困难学生能力素养培育力度。

六、安全稳定体系

18. 强化高校政治安全。认真落实意识形态工作责任制,加强高校思想文化阵地管理,严格实行审批制度。坚决抵御境外利用宗教渗透,防范校园传教活动。

19. 加强国家安全教育。持续推动国家安全教育进学校、进教材、进头脑,把集中教育活动与日常教育活动、课堂教育教学与社会实践相结合。建立健全国家安全教育长效机制,不断充实教育内容,完善教学体系。

20. 筑牢校园安全防线。切实保护学生生命安全、财产安全、身体健康,严格落实安全防范工作规范要求,强化安全基础建设,完善校园及周边治安综合治理机制。

21. 健全安全责任体系。落实高校安全管理主体责任,完善相应协调和会商机制,落实"一岗双责"。完善预警预防、综合研判、应急处置、督查报告、责任追究等工作制度。

七、队伍建设体系

22. 建设高水平教师队伍。按照"四有"好老师要求,落实政治理论学习、培训轮训、实践锻炼等制度。完善教师评聘考核办法,把师德师风作为评价教师队伍素质第一标准。实施课程思政教师专题培训计划。充分发挥院士、国家"万人计划"哲学社会科学领军人才、文化名家暨"四个一批人才"、"长江学者"、"杰青"、国家级教学名师等示范带头作用。构建全校齐抓教师思想政治素质的工作体系,组织开展宣传师德典型、深化学术诚信教育,加强对海外归国和青年教师的思想引导。落实《新时代高校教师职业行为十项准则》,严格实行师德"一票否决制",加大对失德教师的惩戒力度,推动师德建设常态化长效化。

23. 打造高素质思想政治工作和党务工作队伍。严格落实中央关于高校思想政治工作和党务工作队伍配备的各项指标性要求。完善高校专职辅导员职业发展体系,建立职级、职称"双线"晋升办法,学校应当结合实际情况为专职辅导员专设一定比例的正高级专业技术岗位。参照校内管理岗位比例,依据国家有关规定,建立完善高校专职辅导员管理岗位(职员等级)晋升制度。对长期从事辅导员工作、表现优秀的,按照国家有关规定给予奖励。各高校要切实履行辅导员选聘工作的主体责任,按照专兼结合、以专为主的原则加强辅导员选配工作。各地有关部门要积极支持并督导各高校严格落实专职辅导员人事管理政策,按规定签订聘用合同,不得用劳务派遣、人事代理等方式聘用辅导员。鼓励选聘各级党政机关、科研院所、军队、企事业单位党员领导干部、专家学者等担任校外辅导员。完善兼职辅导员和校外辅导员培训、管理、考核制度。持续提升思想政治工作和党务工作队伍素质能力和专业水平,实施思想政治工作中青年骨干队伍建设项目,组织开展国家示范培训、海内外访学研修、在职攻读硕士博士学位等专项计划。各地要因地制宜设置思政课教师和辅导员岗位津贴,纳入绩效工资管理,相应核增学校绩效工资总量。各高校应按照在校生总数每生每年不低于20元的标准设立思想政治工作和党务工作队伍建设专项经费。

24. 加大马克思主义学者和青年马克思主义者培养力度。加强马克思主义学院和马克思主义理论学科建设,加快培养一批立场坚定、功底扎实、经验丰富的马克思主义学者,特别是培养一大批青年马克思主义者。深入实施"高校思想政治理论课教师队伍后备人才培养专项支持计划"。组织实施青年马克思主义者培养工程,加强集中教育培训和后续跟踪培养。

八、评估督导体系

25. 构建科学测评体系。建立多元多层、科学有效的高校思政工作测评指标体系,完善过程评价和结果评价相结合的实施机制,推动把高校党建和思想政治工作作为"双一流"建设成效评估、学科专业质量评价、人才项目评审、教学科研成果评比的重要指标,并纳入政治巡视、地方和高校领导班子考核、领导干部述职评议的重要内容。

26. 完善推进落实机制。明确责任分工,细化实施方案,及时研究解决重点问题。将高校思想政治工作纳入整体发展规划和年度工作计划,明确路线图、时间表、责任人。

27. 健全督导问责机制。强化高校思想政治工作督导考核,对履职尽责不力、不及时的,加大追责力度。实行校、院系、基层党组织书记抓党建和思想政治工作述职评议考核制度,纳入党纪监督检查范围。

九、组织领导和实施保障

28. 加强党的全面领导。要把高校思想政治工作摆到重要位置,切实加强组织领导和工作指导。各高校党委要全面统筹各领域、各环节、各方面的资源和力量,力戒形式主义、官僚主义,加强体制机制、项目布局、队伍建设、条件保障等方面的系统设计,定期分析高校思想政治领域情况,研究解决重大问题,协调推进重点任务落实,党委主要负责同志落实领导责任,分管领导落实直接责任。党委书记是思想政治工作第一责任人,校长和其他班子成员履行"党政同责、一岗双责"。高校领导班子成员要主动进课堂、进班级、进宿舍、进食堂、进社团、进讲座、进网络,深入一线联系学生。

29. 加强基层党的建设。强化院系党组织政治功能,加强班子建设、健全集体领导机制、提高议事决策水平。发挥党支部战斗堡垒和党员先锋模范作用,优化支部设置,实施教师党支部书记"双带头人"培育工程,建强党支部书记队伍。严格党的组织生活各项制度,着重加强教师党支部和学生党支部建设、发展党员和党员教育管理工作。加强教师党支部与学生党支部共建,鼓励校企、校地党支部共同开展组织生活。落实党建带团建制度,做好推优入党工作。

30. 强化工作协同保障。推动形成学校、家庭和社会教育协同育人机制。发挥高校思想政治工作委员会的专家咨询作用,加大高校思想政治工作创新发展中心、思想政治工作队伍培训研修中心、省级高校网络思想政治工作中心建设力度。做好高校思想政治工作专项资金使用管理,引导地方和高校增加投入,强化经费投入的育人导向。

教育部　中共中央组织部　中共中央宣传部
中共中央政法委员会　中央网络安全和信息化委员会办公室
财政部　人力资源社会保障部　共青团中央
2020年4月22日

中共中央　国务院印发《关于新时代加强和改进思想政治工作的意见》

《关于新时代加强和改进思想政治工作的意见》(以下简称《意见》)指出,思想政治工作是党的优良传统、鲜明特色和突出政治优势,是一切工作的生命线。加强和改进思想政治工作,事关党的前途命运,事关国家长治久安,事关民族凝聚力和向心力。《意见》包括总体要求、把思想政治工作作为治党治国的重要方式、深入开展思想政治教育、提升基层思想政治工作质量和水平、推动新时代思想政治工作守正创新发展、构建共同推进思想政治工作的大格局六个部分。

《意见》指出,党的十八大以来,以习近平同志为核心的党中央高度重视思想政治工作,采取一系列重大举措切实加以推进,思想政治工作有效发挥了统一思想、凝聚共识、鼓舞斗志、团结奋斗的重要作用,全党全社会思想上的团结统一更加巩固,我国意识形态领域形势发生了全局性、根本性的转变。

《意见》明确,新时代加强和改进思想政治工作的指导思想是:以习近平新时代中国特色社会主义思想为指导,全面贯彻党的十九大和十九届二中、三中、四中、五中全会精神,增强"四个意识"、坚定"四个自信"、做到"两个维护",紧紧围绕统筹推进"五位一体"总体布局和协调推进"四个全面"战略布局,坚持稳中求进工作总基调,围绕巩固马克思主义在意识形态领域的指导地位、巩固全党全国人民团结奋斗的共同思想基础这一根本任务,自觉承担起举旗帜、聚民心、育新人、兴文化、展形象的职责使命,把思想政治工作作为治党治国的重要方式,着力固根基、扬优势、补短板、强弱项,提高科学化规范化制度化水平,充分调动一切积极因素,广泛团结一切可以团结的力量,为人民服务,为中国共产党治国理政服务,为巩固和发展中国特色社会主义制度服务,为改革开放和社会主义现代化建设服务。

《意见》指出,新时代加强和改进思想政治工作的方针原则是:坚持和加强党的全面领导,把思想政治工作贯穿党的建设和国家治理各领域各方面各环节,牢牢掌握工作的领导权和主动权。坚持以人民为中心,践行党的群众路线,把人民对美好生活的向往作为奋斗目标,组织群众、宣传群众、教育群众、服务群众,强信心、聚民心、暖人心、筑同心。坚持服务党和国家工作大局,全面贯彻党的基本理论、基本路线、基本方略,坚持系统观念,把思想政治工作与经济建设和其他各项工作结合起来,为党和国家中心工作提供有力政治和思想保障。坚持遵循思想政治工作规律,把显性教育与隐性教育、解决思想问题与解决实际问题、广泛覆盖与分类指导结合起来,因地、因人、因事、因时制宜开展工作。坚持守正创新,推进理念创新、手段创新、基层工作创新,使新时代思想政治工作始终保持生机活力。

《意见》指出,要把思想政治工作作为治党治国的重要方式。强化党委(党组)主体责任,各级党委(党组)要切实负起政治责任和领导责任,建立健全思想政治工作责任制,制定思想政治工作责任清单,明确落实措施和推进步骤。党的基层组织要认真贯彻党章党规要求,做好党员和群众的思想政治工作。坚持党要管党、全面从严治党,以党的政治建设为统领,坚持思想建党和制度治党相统一,把思想政治工作落实到党的各项建设之中。加强党对国家和社会的全面领导,善于运用思想政治工作和体制制度优势,推动经济社会发展、管理社会事务、服务人民群众,保证党和国家各项事业始终沿着正确方向前进。

《意见》指出,要深入开展思想政治教育。坚持用习近平新时代中国特色社会主义思想武装全党、教育人民,健全用党的创新理论武装全党、教育人民工作体系,增进对习近平新时代中国特色社会主义思想的政治认同、思想认同、理论认同、情感认同。推动理想信念教育常态化制度化,广泛开展中国特色社会主义和中国梦宣传教育,弘扬民族精神和时代精神,加强爱国主义、集体主义、社会主义教育,加强马克思主义唯物论和无神论教育。培育和践行社会主义核心价值观,加强教育引导、实践养成、制度保障,推动社会主义核心价值观融入社会发展和百姓生活。加强党史、新中国史、改革开放史、社会主义发展史和形势政策教育,引导党员、干部、群众旗帜鲜明反对历史虚无主义,继往开来走好新时代长征路。加强社会主义法治教育,深入学习宣传习近平法治思想,在全社会普遍开展宪法宣传教育,有针对性地宣传普及法律、法规和法理常识,加大党章党规党纪宣传力度。增强忧患意识、发扬斗争精神,广泛开展防范化解重大风险宣传教育,总结新冠肺炎疫情防控斗争经验,以自觉的斗争实践打开新天地、夺取新胜利。

《意见》指出,要提升基层思想政治工作质量和水平。加强企业思想政治工作,把思想政治工作同生产经营管理、人力资源开发、企业精神培育、企业文化建设等工作结合起来,在思想上解惑、精神上解忧、文化上解渴、心理上解压。加强农村思想政治工作,加强农村精神文明和思想道德建设,开展弘扬时代新风和移风易俗行动,抵制腐朽落后文化侵蚀,培养有理想、有道德、有文化、有纪律的新时代农民。加强机关思想政治工作,坚持把带头做到"两个维护"作为机关思想政治工作的首要任务,深化政治机关意识教育,开展模范机关创建活动,开展对党忠诚教育,开展作风建设专项整治行动,努力建设讲政治、守纪律、负责任、有效率的模范机关。加强学校思想政治工作,加快构建学校思想政治工作体系,实施时代新人培育工程,完善青少年理想信念教育齐抓共管机制,培养德智体美劳全面发展的社会主义建设者和接班人。加强社区思想政治工作,健全社区党组织领导基层群众性自治组织开展思想政治工作的相关制度,加强社区思想政治工作网格化建设,统筹发挥社会力量协同作用,使思想政治工作真正深入到群众生产和生活中去。加强网络思想政治工作,深入实施网络内容建设工程,加强网络传播能力建设,依法加强网络社会管理,推动思想政治工作传统优势与信息技术深度融合,使互联网这个最大变量变成事业发展的最大增量。做好各类群体的思想政治工作,开展思想政治引领行动,把广大群众团结凝聚在中国特色社会主义伟大旗帜下。

《意见》指出,要推动新时代思想政治工作守正创新发展。巩固壮大主流思想舆论,坚持正确政治方向、舆论导向、价值取向,把思想政治工作融入到主题宣传、形势宣传、政策宣传、成就宣传、典型宣传中,落实到党报党刊、电台电视台、都市类报刊和新媒体等各级各类媒体,不断提高新闻舆论传播力、引导力、影响力、公信力。深化拓展群众性主题实践,充分利用重要传统节日、重大节庆日纪念日,发挥礼仪制度的教化作用,丰富道德实践活动,推动形成适应新时代要求的思想观念、精神面貌、文明风尚、行为规范。更加注重以文化人以文育人,深入实施文艺作品质量提升工程,深入实施中华优秀传统文化传承发展工程,推进城乡公共文化服务体系一体建设,更好满足人民精神文化生活新期待。充分发挥先进典型示范引领作用,深化时代楷模、道德模范、最美人物、身边好人等学习宣传,持续讲好不同时期英雄模范的感人故事,探索完善先进模范发挥作用的长效机制,把榜样力量转化为亿万群众的生动实践。切实加强人文关怀和心理疏导,健全党员领导干部联系基层、党员联系群众的工作制度,健全社会心理服务体系和疏导机制、危机干预机制,建立社会思想动态调查与分析研判机制,培育自尊自信、理性平和、积极向上的社会心态。

《意见》强调,要构建共同推进思想政治工作的大格局。完善领导体制和工作机制,完善党委统一领导、党政齐抓共管、宣传部门组织协调、有关部门和人民团体分工负责、全党全社会共同参与的思想政治工作大格局。打造专兼结合的工作队伍,配齐配强思想政治工作骨干队伍,充实优化兼职工作队伍,不断壮大志愿服务工作队伍,有计划有步骤地开展全员培训,深化思想政治工作人员专业技术职务评聘制度改革,培养思想政治工作的行家里手。用好各级各类文化设施和阵地,加强各级各类党员教育培训基地、爱国主义教育基地等的规划建设和管理使用,继续推动公共文化设施向社会免费开放,建设基层思想政治工作示范点。建立科学有效的评价考核体系,建立内容全面、指标合理、方法科学的思想政治工作测评体系,将测评结果纳入落实全面从严治党主体责任情况监督检查和巡视巡察内容,纳入党政领导班子、领导干部综合考核评价内容,把"软指标"变为"硬约束"。

桂林理工大学班主任工作管理办法

第一章 总 则

第一条 为全面加强对学生的教育与引导,充分发挥广大教师在学生教育培养中的主导作用,倡导教师更多地参与学生成长、成才的指导工作,建立新型师生关系,进一步提高人才培养质量和学校办学水平,实现全员育人的目标,根据中共中央、国务院《关于进一步加强和改进大学生思想政治教育的意见》、教育部《关于加强高等学校辅导员班主任队伍建设的意见》和自治区教育厅相关文件精神,结合学校实际,特制定本办法。

第二条 担任班主任工作,是高校教师与学生之间加强联系和交流,强化专业思想教育、行为引导和学习指导,解决教书与育人相脱节问题的有效渠道。广大教师特别是党员教师要把担任班主任工作作为教书育人应尽的责任和本职岗位的应有要求,积极主动承担这一光荣任务。

第二章 岗位设置与遴选管理

第三条 从2013级新生开始,本科生以自然班为单位设置班主任,每班配备一名班主任。各学院也可以根据本学院专业特点和班级实际情况,酌情确定人员名额,但一名教师最多同时担任两个自然班班主任(目前已担任1个班班导师的老师可再担任1个班班主任)。专兼职辅导员可以兼任班主任。

第四条 班主任选聘坚持政治、业务和能力相结合的原则,优先从具有相关学科背景、责任心强的年轻教师中遴选聘任。担任班主任的经历和业绩,作为教师在晋升副高级以下(含副高级)专业技术职务时的必要条件。

第五条 班主任实行学校和相关学院双重管理。学生工作部(处)、人事处是学校建设和管理班主任队伍的职能部门,对班主任工作进行宏观管理和指导。各学院党政领导班子对本学院的班主任进行直接领导和管理。

第六条 为保证班主任制的顺利实施,学校成立班主任制实施工作领导小组。由学校分管学生工作的校领导任组长,学生工作部(处)、人事处、教务处、团委负责人及各学院分管学生工作的党委副书记为成员。

第七条 班主任的选聘工作,由各学院学生工作领导小组具体负责,采取本人申请和学院指派相结合的方式进行。每学年初(9月底前),各学院须将经学院学生工作领导小组研究后拟聘任的班主任名单报学生工作部(处)、人事处审批。

第八条 班主任的任期一般与所带班级学制一致。出任时颁发聘任证书,明确任期、工作职责等事宜。无特殊情况,个人不得中止班主任工作,个别特殊情况需要中途更换班主任的,由本人向学院学生工作领导小组及时提出书面申请,经领导小组同意并报学校学工部(处)、人事处审批后方可更换。

第三章 任职条件与工作职责

第九条 班主任的任职条件是:

(一)坚持四项基本原则,忠诚党的教育事业,认真贯彻党的路线,方针和政策,具有良好的思想政治素质。

(二)具有高度的责任心、事业心和奉献精神,作风正派,为人师表,关心学生,教书育人,热爱班主任工作。

(三)具有一定的教学、科研和管理工作经验,具备相关学科专业知识。

(四)身心健康,人格健全,品行端正。

第十条 班主任的主要工作职责是:

(一)对学生进行政治思想与职业道德教育,努力掌握做好学生思想政治工作的方法,关心学生思想进步,了解学生的思想动态,引导学生明确成才目标。

（二）指导班级工作，建立健全班级学生干部组织，指导班委制定班级工作计划，保证班级各项工作顺利开展。

（三）指导开展班风建设，指导学生制定班级各项管理制度，营造良好班级文化，形成良好班级风貌。

（四）指导开展学风建设，督促检查学生的"三早一晚"（早操、早读、早升旗、晚自习），帮助学生明确学习目标，营造良好的学习风气，杜绝考试作弊现象。

（五）了解学生思想、学习和生活情况，经常深入学生课堂、学生宿舍、学生活动，经常进行家校联系。

（六）开展学生思想政治教育，定期召开主题班会，定期召开安全教育，引导学生积极向党组织靠拢。

（七）指导班级开展日常管理工作，负责班级困难学生评定、奖助学金评定等工作的指导、督促和审核，合理化解学生矛盾，正确处理突发事件。

（八）组织第二课堂活动，丰富班级学生的课余文化生活。

（九）引导后进学生及重点关注学生的思想转化，帮助后进学生进步，对需要重点关注的学生采取有效措施进行排查、干预和引导。

（十）认真做到"五个一"，即每周至少与学生谈话一次，每月至少组织召开一次班团会，每月至少深入学生宿舍一次，每月至少参加学生活动一次，每学期至少到所带班级课堂听课一次。

（十一）完成学校和学院交办的其他任务。

第四章 考核与奖惩

第十一条 学校实行班主任工作考核制度。考核时限以学年度为单位，即本年的9月至次年的7月。

第十二条 班主任的考核由各学院具体组织实施，每学年9~10月份进行，毕业班班主任的学生评价部分可提前至6月份进行。

第十三条 对班主任的业绩考核注重定性与定量相结合，注重工作实绩，综合评定。班主任考核结果分为优秀、良好、合格、不合格四个等级，具体年度考核办法见《桂林理工大学班主任工作年度考核实施办法》。

第十四条 班主任工作考核结果作为年度考核、提拔晋升、评优奖励、进修学习和津贴发放的重要依据之一，并存入本人工作档案。其中考核等级为优秀的班主任可参评当年度校优秀班主任。

第十五条 学校每学年度对优秀班主任进行表彰奖励。凡考核结果为合格以上的，全额享受班主任津贴，考核结果为不合格的，班主任津贴发放70%。考核不合格的班主任，解除其班主任职务，当年不得晋升高一级专业技术职称。

第五章 培训与保障

第十六条 班主任实行上岗培训制度。新任班主任应接受岗前培训,在任班主任应接受岗中培训。培训工作由校院两级负责。

第十七条 班主任的培训内容包括思想政治理论、形势与政策、学生成长成才指导、学生管理事务、教育政策法规、心理辅导知识方面,使班主任具备履行工作职责必备的基本知识和技能。

第十八条 学校为班主任的业务进修、脱产培训、学习考察等创造条件,并在同等条件下优先做出安排。

第十九条 学校每学年根据班主任实际在岗情况、工作业绩和考核结果发放一定的工作津贴,班主任工作津贴由学校专项资金统一支付,津贴标准为150元/班·月,每年按12个月计算。

第六章 附 则

第二十条 本办法由校学生工作领导小组负责解释。

第二十一条 本办法自公布之日起执行,原《桂林理工大学班导师制实施办法(试行)》(桂理工学〔2010〕42号)同时废止。

参 考 文 献

[1] 马克思,恩格斯.马克思恩格斯选集:第1—4卷[M].中共中央翻译局,译.北京:人民出版社,1995.

[2] 中共中央马克思恩格斯列宁斯大林著作编译局.马克思恩格斯文集:第1—10卷[M].北京:人民出版社,2009.

[3] 中共中央马克思恩格斯列宁斯大林著作编译局.列宁选集:第1—4卷[M].北京:人民出版社,1995.

[4] 毛泽东.毛泽东选集:第1—4卷[M].北京:人民出版社,1991.

[5] 中共中央文献编辑委员会.邓小平文选:第一卷[M].北京:人民出版社,1983.

[6] 中共中央文献编辑委员会.邓小平文选:第二卷[M].北京:人民出版社,1989.

[7] 中共中央文献编辑委员会.邓小平文选:第三卷[M].北京:人民出版社,1993.

[8] 中共中央文献编辑委员会.江泽民文选:第1—3卷[M].北京:人民出版社,2006.

[9] 中共中央文献编辑委员会.胡锦涛文选:第1—3卷[M].北京:人民出版社,2016.

[10] 习近平.习近平谈治国理政:第一卷[M].北京:外文出版社,2014.

[11] 习近平.习近平谈治国理政:第二卷[M].北京:外文出版社,2017.

[12] 习近平.习近平谈治国理政:第三卷[M].北京:外文出版社,2020.

[13] 习近平.习近平谈治国理政:第四卷[M].北京:外文出版社,2022.

[14] 教育部.深入学习习近平关于教育的重要论述[M].北京:人民出版社,2019.

[15] 中共中央宣传部.习近平总书记系列重要讲话读本[M].北京:学习出版社,2014.

[16] 中共中央宣传部.习近平总书记系列重要讲话读本[M].北京:学习出版社2016.

[17] 教育部.习近平总书记教育重要论述讲义[M].北京:高等教育出版社,2020.

[18] 清华大学校史研究室.清华大学史料选编第6卷:第1分册[M].北京:清华大学出版社,2007.

[19] 教育部思想政治工作司.加强和改进大学生思想政治教育重要文献选编:1978—2008[M].北京:中国人民大学出版社,2008.

[20] 张耀灿,郑永廷,吴潜涛,等.现代思想政治教育学[M].2版.北京:人民出版社,2006.

[21] 郑永廷.现代思想道德教育理论与方法[M].广州:广东高等教育出版社,2000.

[22] 陈万柏,张耀灿.思想政治教育学原理[M].北京:高等教育出版社,2015:261.

[23] 陈万柏.思想政治教育载体论[M].武汉:湖北人民出版社,2003.

[24] 冯刚.郑永廷思想政治教育学科30年发展研究报告[M].北京:光明日报出版社,2014.

[25] 张再兴.网络思想政治教育研究[M].北京:经济科学出版社,2009:3.

[26] 赵君.高校思想政治教育管理队伍建设论[M].北京:中国社会科学出版社,2008.

[27] 万美容.思想政治教育方法发展研究[M].北京:中国社会科学出版社,2007.

[28] 戴晓霞,等.高等教育市场化[M].北京:北京大学出版社,2005.

[29] 陈维民.目标管理法视域下的大学生职业生涯规划教育探索[J].创新创业理论研究与实践,2018,1(12):96-97.

[30] 柳凤娟,罗绪强,闫修民.新生班主任在高校学风建设中的作用探讨[J].贵州师范学院学报,2022,38(3):74-77.

[31] 万静,王文泽.新时期高校班主任工作中的问题和改进路径:基于师生二元视角下的调查分析[J].北京教育(德育),2022(3):89-96.

[32] 陈蕾."三全育人"视域下高校班主任工作思考[J].科教导刊,2022(6):51-53,116.

[33] 邢青,聂荣飞.基于"三全育人"理念的高校辅导员与新型班主任协同育人工作研究[J].经济研究导刊,2022(5):86-88.

[34] 李桐安.新时代、新形势下高校班主任思想政治教育工作提升探究[J].创新创业理论研究与实践,2022,5(2):184-186.

[35] 陈帅,李逸舟,叶定剑,等.高校班主任队伍建设的路径探索[J].中国高等教育,2021(12):50-52.

[36] 汪阳,刘宏达.我国高校班主任制度建设的历程、经验与启示[J].思想教育研究,2021(5):134-139.

[37] 李桐安.新时代下高校班主任思政工作"三位一体"管理探究[J].大学,2021(51):59-61.

[38] 杜婷婷,郭剑英.高校班主任班级管理的工作路径探究[J].大学,2021(46):57-59.

[39] 董铭洺.新时代高校辅导员与班主任队伍耦合效应分析[J].传承,2021(4):79-85.

[40] 张鑫,邹国享."三全育人"理念下高校班主任工作与SWOT分析[J].高教学刊,2021,7(34):149-152.

[41] 张明娥,张辉.新时代高校班主任工作若干问题的思考[J].黄冈职业技术学院学报,2021,23(5):81-83.

[42] 刘庆,刘静,韩述娟.新时代背景下高校班主任制度的研究[J].品位·经典,2021(15):134-135,138.

[43] 刘娟.关怀理论视角下高校班主任德育工作的启示[J].教师,2021(23):13-14.

[44] 梁添.高校班主任工作量化考核探析:以韶关学院为例[J].韶关学院学报,2021,42(8):42-47.

[45] 余智勇."三全育人"视域下高校辅导员和班主任协同问题分析及对策[J].教师,2021

(22):3-4.

[46] 杨玉梅.浅析立德树人视域下高校班主任的工作路径[J].公关世界,2021(13):109-110.

[47] 郭荣.落实立德树人根本任务的高校班主任队伍建设探讨[J].西南林业大学学报(社会科学),2021,5(2):93-96.

[48] 王栩.高校班主任专业化与发展策略研究[J].湖北开放职业学院学报,2021,34(11):41-43.

[49] 代艳.高校班主任工作的"放管服"理论逻辑与实践探索[J].牡丹江教育学院学报,2021(3):49-52.

[50] 帕提古丽·阿加洪.高校班主任管理工作存在问题的探析与对策[J].山西青年,2021(6):147-148.

[51] 岳聪."三全育人"理念下高校班主任的工作路径浅析[J].决策探索(中),2021(3):73-74.

[52] 王煜.高校班主任的职能定位及其工作方法探讨[J].文教资料,2021(5):70,119-120.

[53] 卜叶蕾.新时代高校班主任核心素养提升路径研究:以华北电力大学"名师班主任"工作为例[J].学校党建与思想教育,2020(19):87-90.

[54] 胡术恒,李有增.以课程思政拓展高校班主任的育人空间[J].中国高等教育,2020(11):29-30.

[55] 刘庆.思想政治教育视域下的高校班主任在日常管理中作用研究[J].中外企业文化,2020(11):29-30.

[56] 牛素芳,吴仁协,王学锋,等.高校班主任班级管理有效路径研究[J].牡丹江教育学院学报,2020(10):62-64.

[57] 成玲,杨武成.新时代高校班主任工作的探索与实践[J].教育教学论坛,2020(41):327-328.

[58] 杜艳卿.高校班主任管理工作中的问题及对策[J].文教资料,2020(28):141-142.

[59] 宁江滨.如何高效管理班级:高校班主任工作方法探析[J].知识文库,2020(16):175,177.

[60] 张理夏.如何充分发挥高校班主任的作用[J].科技风,2020(18):212.

[61] 孙琼,李桂村,于立岩,等.新时代高校班主任班级管理策略的探索与实践[J].教育教学论坛,2020(27):34-35.

[62] 白雪梅,钟子杰,靳永雄,等.浅谈高校工科学院班主任能力提升及工作方法[J].科教文汇(中旬刊),2020(4):39-40.

[63] 陈静.如何做好高校班主任工作的思考[J].教育现代化,2020,7(26):122-124.

[64] 裴丽.高校班主任工作内容定位探析[J].高教探索,2017(S1):167-168.

[65] 李居英.试论高校班主任的综合素质[J].山西财经大学学报,2019,41(S2):103-104.

[66] 付丽琴."以人为本"理念在高校班主任思政工作中的运用研究[J].财富时代,2019(11):216.

[67] 邵学.高校班主任班级管理质量提升路径探析[J].知识文库,2019(21):221,226.

[68] 毋张明.高校班主任的定位与职能研究[J].内江科技,2019,40(10):77-78.

[69] 田笛.基于SWOT分析的高校班主任制度创新机制研究[J].教育现代化,2019,6(74):78-79.

[70] 解北京,杜玉晶.浅谈当好高校班主任的实践与思考[J].教育教学论坛,2018(50):90-91.

[71] 廖博.高校班主任工作中的问题与策略[J].教育教学论坛,2018(47):14-15.

[72] 王微.立德树人背景下高校班主任队伍建设途径探索[J].传播力研究,2018,2(29):189-190.

[73] 汲秋宇.新时期高校班主任工作短板及补齐路径探究[J].黑河学院学报,2018,9(8):78-80,93.

[74] 刘庆,刘静.思想政治教育视阈下的高校班主任制度的研究[J].黑龙江生态工程职业学院学报,2018,31(4):112-113.

[75] 戚茜.高校班主任工作的思考与方法[J].教育现代化,2018,5(25):197-198.

[76] 黄迅辰.思想政治教育视域下的高校班主任制度研究[J].科教导刊(上旬刊),2017(25):52-53.

[77] 冀新璐.浅析高校班主任工作[J].当代教育实践与教学研究,2017(7):128.

[78] 于宪宝.地方高校班主任管理的动力机制[J].教育与职业,2016(17):66-69.

[79] 于跃进,徐江虹.面向"90后"大学生的高校班主任队伍建设[J].教育与职业,2016(12):79-81.

[80] 王国华.班主任在高校学生党建工作中的现状及对策研究[J].思想理论教育导刊,2015(5):141-143.

[81] 王荣明,田方.当前高校班主任的工作定位与思路[J].中国成人教育,2015(2):71-73.

[82] 吴华丽.高校班主任专业化发展的实践策略[J].教育评论,2014(7):45-47.

[83] 王泉.高校兼职班主任队伍建设调查[J].教育与职业,2014(16):45-47..

[84] 李赛强,路丽丽.高校班主任胜任力模型的构建:基于Nvivo软件质性方法的案例研究[J].教育学术月刊,2014(5):19-22.

[85] 李赛强,路丽丽.创新高校班主任制度 促进学生全面发展[J].中国高等教育,2014(9):57-59.

[86] 曾东.国际化背景下高校思想政治教育过程管理的理论思考[J].前沿,2012(2):179-181.

[87] 刘威,宫凯.加强过程管理 全面提高学生培养质量[J].北京教育(高教版),2009(12):48-50.

[88] 姚志华.试论目标管理和过程管理在高校辅导员工作中的应用[J].江南论坛,2008(1):54-56.

[89] 黄建军.高校思想政治教育课程评价的目标对照方法[J].思想教育研究,2008(1):69-72.

[90] 贺才乐.论思想政治教育载体的属性[J].学校党建与思想教育,2004(2):28-30.

[91] 邹敏.高校教学过程管理[J].广西大学学报(哲学社会科学版),2001(S1):14-17.

[92] 习近平主持召开学校思想政治理论课教师座谈会强调:用新时代中国特色社会主义思想铸魂育人 贯彻党的教育方针落实立德树人根本任务[N].人民日报,2019-03-19(1).

[93] 中华人民共和国教育部.普通高等学校辅导员队伍建设规定[EB/OL].(2017-09-29).http://www.moe.gov.cn/srcsite/A02/s5911/moe_621/201709/t20170929_315781.html

[94] 中华人民共和国教育部.团中央教育部全国学联联合印发《高校学生社团管理暂行办法》出台[EB/OL].(2016-01-13).http://www.moe.gov.cn/jyb_xwfb/s5147/201601/t20160113_227746.html

[95] 习近平在全国高校思想政治工作会议上强调:把思想政治工作贯穿教育教学全过程开创我国高等教育事业发展新局面[N].人民日报,2016-12-09(1).

[96] 中共中央国务院关于进一步加强和改进大学生思想政治教育的意见[N].人民日报,2004-10-15.

后　　记

　　阳春三月,金桂凝香。《新时代高校班主任工作理论与实务》于屏风山下落笔成书。这本书凝聚着我17年教师职业生涯中作为学生班主任的心血,更凝聚着无数人的关怀与期盼,她的意义绝不是只言片语所能表达的。

　　在此感谢多年来默默支持我工作的家人、朋友,关心我成长的领导、老师,以及一同奋斗的同事。一路走来,是你们的关心、支持和帮助,让我得以全身心地投入写作。

　　感谢华中师范大学马克思主义学院博士研究生、湖北师范大学马克思主义学院程琼同志的大力支持和倾情相助,为本书的出版提供了重要的参考意见;感谢桂林理工大学张萌萌老师、黄道坤老师、邱俊杰老师、冉文捷老师协助我做好本书的内容梳理工作,以及研究生钱顺、闫子琦、赵宇飞、江俊成、古伯伟等同学协助我做好本书的相关文字整理工作。在此,我由衷地向你们表示感谢。

　　同时,感谢华中师范大学全国高校辅导员发展研究中心、华中师范大学马克思主义学院思想政治教育专业博士研究生导师刘宏达教授亲自为本书作序并推荐。本书得到了桂林理工大学马克思主义学院、桂林理工大学学生工作部(处)、桂林理工大学教务处等部门的大力支持。在此,一并致以衷心的感谢!

　　随着社会的发展和教育的进步,高校班主任工作变得越来越重要。高校班主任在高校工作中拥有多重角色,既是管理者也是教育者,同时还是服务者。高校班主任的多重角色决定了其不仅应该成为大学生学业上的良师,还应该成为大学生交心的益友,更应该成为大学生健康成长的引路

后 记

人。作为学生的引路人和指导者,班主任的任务不仅仅是传授知识,更要关注学生的全面发展和健康成长。在新时代背景下,高校班主任需要不断学习和提高自己的职业素养和教育教学能力,学懂弄清相关政策法规,更好地发挥自己的作用,为学生提供更好的教育服务。

班主任想要更好地管理好班级,建立起和谐的班级氛围,就需要班主任在工作中能及时发现和解决学生的问题,在工作中能够使用恰当的工作方法,合理使用使用工作载体,勇于进行工作创新。

此外,高校应该加强对班主任的职业培训和提供更多的学习机会,让班主任们能够更好地适应新时代的教育环境和教育理念;加强对班级管理的支持,提供更多的资源和帮助,为班主任提供更好的服务条件;加强对班主任队伍的培养和交流,建立班主任之间的合作和沟通机制,让更多的班主任受益;加强对班主任的激励和支持,让班主任有更多的动力和热情,投入到班级管理和学生教育中。

在撰写本书时,笔者深入调研了全国各地的高校班主任工作情况,并结合自身的实践经验和理论知识,提出了一系列针对高校班主任工作的建议和措施,相信这些措施能够对提高班主任队伍的整体素质、促进学生的全面发展和健康成长起到积极的推动作用。希望本书能够对广大班主任和教育工作者有所启示,也欢迎各位读者提出宝贵的意见和建议,共同推动新时代高校班主任工作的建设和发展。

张 瑞

2023年3月